Theorie der Unternehmung

Herausgegeben von Reinhard Pfriem

Band 28

27 Dirk Fischer: **Strategisches Management in der Symbolökonomie**
26 Andreas Aulinger: **Entrepreneurship und soziales Kapital.** Netzwerke als Erfolgsfaktor wissensintensiver Dienstleistungsunternehmen
25 Frank Ebinger: **Ökologische Produktinnovation.** Akteurskooperationen und strategische Ressourcen im Produktinnovationsprozess
24 Reinhard Pfriem: **Unternehmen, Nachhaltigkeit, Kultur.** Von einem, der nicht auszog, Betriebswirt zu werden
23 Forschungsgruppe Unternehmen und gesellschaftliche Organisation: **Perspektiven einer kulturwissenschaftlichen Theorie der Unternehmung**
22 Henning Schmidt: **Wissensmanagement: Wettbewerbsvorteil oder modernes Märchen?** Reflexion über eine Managementmode am Beispiel der Nahrungsmittelindustrie
21 Marco Miklis: **Coopetitive Unternehmungsnetzwerke.** Problemorientierte Erklärungs- und Gestaltungserkenntnisse zu Netzwerkbeziehungen zwischen Wettbewerbern
20 Holger Petersen: **Ecopreneurship und Wettbewerbsstrategie.** Verbreitung ökologischer Innovationen auf Grundlage von Wettbewerbsvorteilen
19 Karl Hackstette: **Individualistische Unternehmensführung.** Eine wirtschaftsphilosophische Untersuchung
18 Michael Mohe: **Klientenprofessionalisierung.** Strategien und Perspektiven eines professionellen Umgangs mit Unternehmensberatung.
17 U. Schneidewind, M. Goldbach, D. Fischer, S. Seuring (Hg.): **Symbole und Substanzen.** Perspektiven eines interpretativen Stoffstrommanagements
16 Ralf Weiß: **Unternehmensführung in der Reflexiven Modernisierung**
15 Sandra Jochheim: **Von der Unternehmenskultur zum Netzwerk von Subkulturen**
14 Thomas Beschorner: **Ökonomie als Handlungstheorie**
13 Stephan Grüninger: **Vertrauensmanagement.** Kooperation, Moral und Governance
12 Martin Tischer: **Unternehmenskooperation und nachhaltige Entwicklung in der Region**

11 Michael Mesterharm: **Integrierte Umweltkommunikation von Unternehmen.** Theoretische Grundlagen und empirische Analyse der Umweltkommunikation am Beispiel der Automobilindustrie

10 Georg Müller-Christ: **Nachhaltiges Ressourcenmanagement.** Eine wirtschaftsökologische Fundierung

9 Thomas Beschorner, Reinhard Pfriem (Hrsg.): **Evolutorische Ökonomik und Theorie der Unternehmung**

8 Nicola Pless: **Corporate Caretaking.** Neue Wege der Gestaltung organisationaler Mitweltbeziehungen

7 Klaus Fichter: **Umweltkommunikation und Wettbewerbsfähigkeit.** Wettbewerbstheorien im Lichte empirischer Ergebnisse zur Umweltberichterstattung von Unternehmen

6 Uwe Schneidewind: **Die Unternehmung als strukturpolitischer Akteur.** Kooperatives Schnittmanagement im ökologischen Kontext

5 Christoph Kolbeck, Alexander Nicolai: **Von der Organisation der Kultur zur Kultur der Organisation.** Kritische Perspektiven eines neueren systemtheoretischen Modells

4 Andreas Aulinger: **(Ko-)Operation Ökologie.** Kooperationen im Rahmen ökologischer Unternehmenspolitik

3 Achim Spiller: **Ökologieorientierte Produktpolitik.** Forschung, Medienberichte, Marktsignale

2 Hendric Hallay: **Ökologische Entwicklungsfähigkeit von Unternehmen**

1 Reinhard Pfriem: **Unternehmenspolitik in sozialökologischen Perspektiven**

Christian Lautermann, Reinhard Pfriem, Josef Wieland,
Michael Fürst, Sebastian Pforr

Ethikmanagement in der Naturkostbranche

Eine Machbarkeitsstudie

Metropolis-Verlag
Marburg 2005

Umschlagabbildung: Michael Voigt: Aidolon, 2003, Copyright Michael Voigt

Das diesem Buche zugrunde liegende Vorhaben wurde mit Mitteln des Bundesministeriums für Verbraucherschutz, Ernährung und Landwirtschaft (Bundesprogramm Ökologischer Landbau) unter dem Förderkennzeichen 04 OE 024 gefördert. Die Verantwortung für den Inhalt dieser Veröffentlichung liegt bei den Autoren.
Aktenzeichen 514-43.60/04OE024

Bibliografische Information Der Deutschen Bibliothek

Die Deutsche Bibliothek verzeichnet diese Publikation in der Deutschen Nationalbibliografie; detaillierte bibliografische Daten sind im Internet über <http://dnb.ddb.de> abrufbar.

Metropolis-Verlag für Ökonomie, Gesellschaft und Politik GmbH
Bahnhofstr. 16a, D-35037 Marburg
http://www.metropolis-verlag.de
Copyright: Metropolis-Verlag, Marburg 2005
Alle Rechte vorbehalten
Druck: Rosch-Buch, Scheßlitz

ISBN 3-89518-507-8

Inhalt

Abbildungsverzeichnis 7

Vorwort 9

TEIL A
Die Machbarkeitsstudie
Christian Lautermann, Reinhard Pfriem

1 Forschungskonzept und inhaltliche Grundlagen 17
2 Zurück an die Quelle: Ursprünge und (Hinter)Gründe für die Hinwendung zu einem moralisch aufgeladenen Geschäft 35
3 Individuelle Unternehmermoralen: Schlussfolgerungen für die Relevanz von Unternehmensethik 40
4 Bestandsaufnahme vorhandener Instrumente und Handlungsbereiche von unternehmensethischer Bedeutung 45
5 Einschätzungen zu der Frage nach den Unternehmensrisiken 73
6 Zur Machbarkeit von Ethikmanagement: Bedenken, Vorteile und Erfolgsfaktoren 78
7 Zur zukunftsorientierten Selbstverortung der Naturkostbranche 88
8 Von der Machbarkeitsstudie zum Projekt 97

Anhang zu Teil A 103

TEIL B

WerteManagementSysteme in der Naturkostbranche
– eine internationale empirische Analyse bestehender Systeme

Josef Wieland, Michael Fürst, Sebastian Pforr

1 Ziel und Nutzen der Untersuchung (Grundsätzliches) 109
2 Referenzstandard WerteManagementSystem – WMS^{ZfW} 111
3 Vorgehensweise 118
4 Auswertung der Erkenntnisse 119
5 Zusammenfassung 132
Anhang zu Teil B 137

TEIL C

Moralische Güter und Wertemanagement in der Naturkostbranche

Josef Wieland, Michael Fürst

1 Hintergrund und theoretischer Bezugsrahmen 189
2 Güter der Naturkostbranche sind Moralische Güter! 194
3 Der normative Referenzpunkt der Governanceethik
   und von Wertemanagementsystemen 198
4 Naturkostbranche und moralische Kommunikation 204

Abbildungsverzeichnis

Abb. 1: Leitfragen der Studie 23

Abb. 2: Aufstellung der befragten Unternehmen 25

Abb. 3: Handlungsbereiche und Instrumententypen eines
Ethikmanagementsystems im Überblick 29

Abb. 4: Die Ursprünge des Naturkostgeschäfts sind vieldeutig. 36

Abb. 5: Unternehmerische Werte, Grundsätze und Ideale 41

Abb. 6: Die vier Prozessstufen des WerteManagementSystems 111

Abb. 7: Werteviereck 113

Abb. 8: Prinzipien und Instrumente des Wertemanagements 116

Abb. 9: Die integrative Struktur
des WerteManagementSystems^{ZfW} 117

Abb. 10: Güter, Dienstleistungen und Moral 194

Abb. 11: Vier Stufen des Wertemanagementsystems 205

Vorwort

Die Machbarkeitsstudie „Ethikmanagement in der Naturkostbranche" wurde gefördert von der Bundesanstalt für Landwirtschaft und Ernährung (BLE), Bundesprogramm Ökologischer Landbau (BÖL), sie wurde vom 01.09.04 bis zum 31.01.05 durchgeführt. Die Projektleitung lag bei Prof. Dr. Reinhard Pfriem, Lehrstuhl für Allgemeine Betriebswirtschaftslehre, Unternehmensführung und Betriebliche Umweltpolitik (www.laubnet.de), wissenschaftliche Bearbeitung: Dipl.-Oec. Christian Lautermann. Organisatorische Unterstützung: Katja Willöper. Projektpartner waren der Bundesverband Naturkost Naturwaren Herstellung und Handel e.v. (BNN, verantwortlich Elke Röder) sowie das Konstanzer Zentrum für Wirtschaftsethik (Prof. Dr. Josef Wieland, Dipl.-Betriebswirt Michael Fürst, Sebastian Pforr).

Die an der Carl von Ossietzky Universität Oldenburg erarbeitete Hauptstudie basiert auf elf Interviews mit einschlägigen Unternehmern der Branche, die softwaregestützt sorgfältig ausgewertet wurden. Diese Auswertung bildete die Grundlage dafür, Bedenken, Bedarfe und Potentiale hinsichtlich der Implementation eines Ethikmanagementsystemen differenziert zu betrachten, um dann umso überzeugter und überzeugender zu dem Schluss zu kommen, sich um solche Implementation nachhaltig zu bemühen. Die Hauptstudie bekräftigt das Erfordernis, gerade in der moralisch hoch aufgeladenen Naturkostbranche Ethikmanagementsysteme einzuführen, mit Analysen zu den gesellschaftlichen Diskussionen über Corporate Social Responsibility und Corporate Citizenship sowie über Ernährungskultur(en). Hier bestehen bei näherem Hinsehen sachlich wie emotional enge Verbindungen, was uns zu dem dem Spanischen entlehnten Projekttitel (BESOS = Küsse bzw. Business Ethics and Sustainability in the Organic Food Sector) führte.

Zumal es in der moralisch hoch aufgeladenen Naturkostbranche nicht um die Einführung von Werten und anschließendes Management davon gehen kann, schien uns der Begriff Ethikmanagement im vorliegenden Kontext sinnvoller zu sein als jener des Wertemanagements. Deutlicher als der zweite akzentuiert der erste den Reflexionscharakter der unternehmenspolitischen Bemühung, die es um des Erfolgs willen als notwendige Voraussetzung auch zu managen gilt.

Diese begriffliche Differenz ändert nichts an der Gleichgerichtetheit der Intentionen, mit denen die beiden anderen Teile dieses Textes vom Konstanzer Zentrum für Wirtschaftsethik (ZfW) als Projektpartner beigesteuert wurden. Der der Oldenburger Machbarkeitsstudie folgende Teil B liefert die Zusammenfassung und Auswertung der vom ZfW durchgeführten auch internationalen Recherche über die Verbreitung und den Entwicklungsstand von Wertemanagementsystemen in naturkostrelevanten Lebensmittelunternehmen. Teil C schließlich ist eine theoretische Studie über moralische Güter und Wertemanagementsysteme in der Naturkostbranche.

Der Begriff Machbarkeitsstudie transportiert immer den Sinngehalt, dass es die Durchführung eines größeren Projektes zu prüfen gilt, das war auch im vorliegenden Fall nicht anders. Angefangen von einem unerwartet hohen Engagement der über Interviews beteiligten und weiterer Unternehmen, das sich insbesondere auf dem Abschlussworkshop am 19.01.05 in Frankfurt manifestierte, lässt sich als Ergebnis unserer Machbarkeitsstudie feststellen: ein solches größeres Projektvorhaben ist

- erwünscht,
- sinnvoll und
- machbar.

Unter den gegenwärtigen Bedingungen der Naturkostbranche, also eines besonderen Teils der Lebensmittelbranche, insofern dieser aus seiner Geschichte heraus besondere Ansprüche an die eigene Qualität stellt und kommuniziert, erscheint ein solches Projektvorhaben darüber hinaus geradezu notwendig, um die gegenwärtige Übergangssituation zu meistern:

- Einstellung und Entwicklung von Personal nach Kriterien, die den eigenen normativen Anforderungen entsprechen und diese über die Gründergeneration hinausführen,
- nur vereinzelt existierende klare normative Regeln und Orientierungen im Umgang mit Geschäftspartnern wie gegenüber neuen Herausforderungen aus der Gesellschaft, sowie

Vorwort

– Produkt- und Dienstleistungsinnovationen, die gesellschaftlichen Bedürfnissen nach ökologischerer und gesünderer Ernährung Rechnung tragen, nachdem über lange Zeit über einer eher gleich gebliebenen Produktpalette gearbeitet worden ist,

scheinen mit den vorhandenen Methoden und Instrumenten nicht mehr hinreichend entwickel- und steuerbar.

Die Machbarkeitsstudie beantwortet insofern nicht nur die Frage nach dem Sinn und Zweck der Einführung von Ethikmanagementsystemen in Unternehmen der Naturkostbranche. Sie untersucht die Besonderheiten der Branche in Bezug auf wirtschaftsethische Fragestellungen, analysiert im einzelnen die in den Unternehmen bereits vorhandenen Praktiken und Maßnahmen sowie setzt sich mit den vorgetragenen Bedenken und Risiken auseinander. Es ergibt sich, dass ein größeres Forschungs- und Beratungsprojekt, das auch Unternehmen der Ernährungswirtschaft außerhalb des BNN-Bereichs als Praxispartner einbeziehen sollte, nicht allein zu einer erfolgreichen Implementation von Ethikmanagementsystemen wird führen können, sondern darüber hinaus auch wichtige Dienste leisten kann für die zukunftsbezogene Selbstverortung der Naturkostbranche insgesamt. Die starke Intensivierung der Debatten und auch praktischen Ansätze zu Corporate Social Responsibility und Corporate Citizenship sowie aus verschiedenen Quellen inspirierte gesellschaftliche und gesellschaftspolitische Auseinandersetzungen um Ernährungskultur(en) sind zwei wichtige Einflussfaktoren, die auf dem Wege zu einer zukunftsorientierten Selbstverortung erfolgreich genutzt werden können.

Als verantwortlicher Projektleiter möchte ich mich für gute Zusammenarbeit und Unterstützung herzlich bedanken bei:

Thorsten Michaelis vom Bundesprogramm Ökologischer Landbau (BÖL) der BLE in Bonn,

Elke Röder von der Geschäftsstelle des Bundesverbandes Naturkost Naturwaren (BNN) Herstellung und Handel in Köln,

Prof. Dr. Josef Wieland und seinem Team vom Zentrum für Wirtschaftsethik (ZfW) in Konstanz,

sowie nicht zuletzt allen Unternehmerinnen und Unternehmern, die mit viel Engagement und wesentlich mehr Zeit als erbeten uns für Interviews zur Verfügung gestanden haben.

Prof. Dr. Reinhard Pfriem   Oldenburg im Februar 2005

TEIL A

Die Machbarkeitsstudie

Christian Lautermann,
Reinhard Pfriem

Kurzzusammenfassung

Forschungsgegenstand und Vorgehensweise

Im Rahmen der Machbarkeitsstudie ist die branchenbezogene Anwendung einer allgemeinen Konzeption zum Management von ethischen Problemstellungen in Unternehmen der Naturkostbranche erforscht worden. Bestehende Modelle wie das WerteManagementSystem des Konstanzer Zentrums für Wirtschaftsethik bildeten dabei den *Ausgangspunkt der konzeptionellen Überlegungen*; die Besonderheiten der Naturkostunternehmen hinsichtlich der Frage nach Unternehmensethik bzw. Ethikmanagement stellten indessen den *Gegenstand der empirischen Forschungsausrichtung* dar. Durch qualitative Befragungen und die Zusammenarbeit mit Unternehmen und Branchenverband sind die praktischen Möglichkeiten und Erfordernisse einer Implementation von Ethikmanagementsystemen in der Naturkostbranche eruiert worden.

Ethikmanagement

Die Namensgebung für ein Managementsystem, mit dem die Aufgabe verfolgt werden soll, moralische und gesellschaftliche Problemstellungen im Unternehmen professionell zu bearbeiten, fiel zugunsten des Begriffs *Ethik*management aus. Denn damit wird die hier als besonders wichtig und grundlegend angesehene reflexive Perspektive auf das unternehmerische Handeln herausgestellt. Wie alle *Managementsysteme* kann auch Ethikmanagement „nur" als Voraussetzung – im Sinne einer systematischen Verfahrenssicherung – für einen erfolgreichen Umgang mit vielfältigen unternehmensethischen Herausforderungen verstanden werden.

Die wichtigsten Ergebnisse

Die grundlegende und einflussreiche Rolle von Moral für das unternehmerische Handeln zeigt sich in der vergleichenden Gesamtschau auf die Situation in den befragten Unternehmen besonders vielgestaltig und bekommt dementsprechend in höchst unterschiedlicher Weise, Vollständigkeit und Intensität ihre praktische Geltung. Durch den übergreifenden Blick dieser Studie auf die sehr heterogene unternehmensethische Praxis können vielfältige Hinweise und Anregungen für die strategische, konzeptionelle und instrumentelle Ausgestaltung eines umfassenden Ethikmanagements gewonnen werden.

Dabei schälen sich mindestens vier besonders bedeutungsvoll werdende Aufgabenbereiche heraus, die mithilfe eines professionellen Ethikmanagements besser bearbeitet werden könnten:

- die Artikulation und Berücksichtigung von normativen Orientierungen, die zu einem fairen Miteinander im Markt und einem aktiven Umgang mit neuen gesellschaftlichen Herausforderungen befähigen,

- die langfristige und tiefgreifende Verankerung von unternehmensethischen Erwägungen in die Kultur und die Organisation des Unternehmens – mit besonderer Berücksichtigung personalwirtschaftlicher Erfordernisse,

- die Entwicklung von gesellschaftlich wünschenswerten bzw. nachhaltigen Unternehmensleistungen und Innovationen, die weit über die bisherige Produkt- und Produktionsfokussierung hinausgehen, sowie

- der Aufbau einer umfassenden Unternehmenskommunikation, die das unternehmensethische Engagement und dessen Bedeutung für die Anspruchsgruppen zielgerichtet transparent macht.

Befund der Machbarkeit

Zusammenfassend erlauben die gewonnenen empirischen Befunde das Fazit, dass *Ethikmanagement in der Naturkostbranche erwünscht, sinnvoll und machbar* ist. Damit ist die wissenschaftliche Grundlage für die konzeptionelle Entwicklung und die praktische Implementation eines Ethikmanagementsystems in Unternehmen der Naturkostbranche im Rahmen eines größeren Folgeprojekts gelegt.

Ausblicke und Empfehlungen

In der sich ausweitenden und intensivierenden Debatte über die *gesellschaftliche Verantwortung der Unternehmen* liegt gerade für die (Unternehmen der) Naturkostbranche eine Chance zur eigenen Profilbildung. Dazu ist es allerdings erforderlich, mit dem bisherigen Lagerdenken zu brechen und in einen offenen Wettbewerb um sozialökologische Qualitäten und Werte auch mit den bisher als „außer Konkurrenz stehend" angesehenen Unternehmen zu treten. Ganz ähnlich besteht für eine Naturkostbranche, die sich unter veränderten Wettbewerbsbedingungen neu positionieren will, auch in der aktiven Mitgestaltung von *Ernährungskultur(en)* im Sinne der Nachhaltigkeit, zukünftig eine vielversprechende Profilierungsmöglichkeit.

1 Forschungskonzept und inhaltliche Grundlagen

1.1 Entstehungshintergrund des Projektes

Der Ausgangsimpuls für das Zustandekommen dieses Forschungsprojektes war das Ansinnen des Bundesverbandes Naturkost Naturwaren (BNN) Herstellung und Handel e.V.[1], die Frage nach der derzeitigen „ethischen Verfassung" und nach den „Werten" der Naturkostunternehmen in einer zeitgemäßen Form neu zu thematisieren. Eine interessant und aussichtsreich erscheinende Möglichkeit dazu bot sich mit dem Aufgreifen der aktuell stark in Fahrt gekommenen Diskussion über Wirtschafts- und Unternehmensethik, bzw. über Corporate Social Responsibility und Corporate Citizenship, die mittlerweile deutlich praxisorientierte Formen angenommen hat. Mit Forschungs- und Praxiserfahrungen sowohl im Bereich Nachhaltigkeit und Unternehmensethik als auch im Bereich Ernährung[2] hat der Lehrstuhl für Unternehmensführung und Betriebliche Umweltpolitik an der Universität Oldenburg die wissenschaftliche Leitung dieses Projektes übernommen. Dessen Leiter Prof. Dr. Reinhard Pfriem ist zudem als Forschungsdirektor für Nachhaltigkeit in das Zentrum für Wirtschaftsethik (ZfW)[3] in Konstanz eingebunden, welches im Rahmen des Projektes einen zweifachen Unterauftrag übernommen hat.

durchgeführt von: in Zusammenarbeit mit:

---

[1] www.n-bnn.de
[2] www.summer-net.de, www.onno-net.de, www.ossena-net.de
[3] www.dnwe.de/2/content/ba_01.htm

1.2 Ausgangslage und Vorüberlegungen

Vor dem praktischen Entstehungshintergrund dieses Projektes wird deutlich, dass es zwei Wege der Annäherung an das Thema „Ethikmanagement in der Naturkostbranche" gibt, und dass gleichzeitig noch weitgehend unklar ist, wo sich die beiden Wege treffen werden und wie diese Zusammenkunft genau aussehen, welche Gestalt sie annehmen wird.

Startet man (1) den Weg bei der Naturkostbranche bzw. ihren Unternehmen, so scheint deren besondere gesellschaftliche und marktliche Ausrichtung nach dreißig Jahren des Wachstums und der Fortentwicklung mit den entsprechenden wirtschaftlichen Erfahrungen heute vor ganz neuartigen Herausforderungen zu stehen. Betriebswirtschaftliche Professionalisierung, verschärfter Wettbewerb, organisationales Wachstum, Generationenwechsel und neue Marktteilnehmer sind Beispiele für Entwicklungen, die an der Identität von Naturkost – also wofür „Bio" bzw. das jeweilige Unternehmen steht – nicht spurlos vorüberziehen dürften. Es stellt sich also die Frage, was in der heutigen Situation die normativen Grundlagen für die künftige Positionierung in Markt und Gesellschaft sind und – unmittelbar anschließend und für die Unternehmenspraxis unerlässlich – auf welchen strategischen und operativen Pfaden diese Herausforderung in erfolgreiches unternehmerisches Handeln umgesetzt werden kann. Die Aufgabe, sich auf eine zielgerichtete, praxisorientierte Art und Weise mit der eigenen normativen Verfassung zu beschäftigen – was in dieser Studie mit dem Begriff „Ethikmanagement"[4] umschrieben werden soll – scheint für die Unternehmen der Naturkostbranche in besonderer Weise virulent zu sein, denn sie sind schließlich bereits von Anbeginn mit einem besonderen moralisch-gesellschaftlichen Anspruch – und einem entsprechenden Ruf! – unternehmerisch tätig. Insofern ist diese Annäherung an das Thema („von der Naturkostbranche zum Ethikmanagement") praxisinduziert und wirft mit ihrem Fokus auf die bestehenden Problemlagen die Notwendigkeit auf, nach praktikablen und effektiven Lösungen zu suchen. Dass Ethikmanagement ein aussichtsreicher Kandidat ist, zu dieser Lösung beizutragen, ist die Vermutung, die dieser Studie zugrunde liegt.

Geht man (2) den anderen Weg und beginnt bei dem aktuellen Phänomen, dass nicht mehr nur in Philosophenkreisen und auf hohem Ab-

---

[4] Vgl. Kapitel 1.6 für eine genaue Arbeitsdefinition dieses Begriffs

straktionsniveau, sondern ganz pragmatisch in den Unternehmen und der Gesellschaft über Unternehmensethik und die gesellschaftliche Unternehmensverantwortung gesprochen, und auch gehandelt[5] wird, und nimmt man diesen Trend als bedeutsamen sozioökonomischen Wandel ernst[6], dann ergeben sich vielfältige Implikationen für alle Wirtschaftsbereiche – und besonders interessante für einen Wirtschaftszweig, der wie die Naturkostbranche eine besondere gesellschaftliche Verantwortung bereits im Produkt einzulösen postuliert. Theoretisch gesprochen zeichnet sich die Naturkostbranche wesentlich dadurch aus, dass sie ihre Leistungen und Produkte von Anfang an zu „moralischen Gütern"[7] erhoben hat, also moralische (v.a. ökologische) Aspekte der Geschäftstätigkeit (v.a. bei Produktion bzw. Produkten) zum Verkaufsargument gemacht und somit die Frage der gesellschaftlichen Legitimität explizit in die Geschäftstätigkeit integriert hat. Die wissenschaftlichtheoretische Dimension dieses Phänomens wird in dem anhängenden Gutachten von Wieland/Fürst thematisiert. Neben den theoretischen Schlussfolgerungen auf diesem Weg „von der Unternehmensethik zur Naturkostbranche" als besonders moralisch aufgeladenem Wirtschaftsbereich sind auch ganz praktische Aspekte von Interesse.

Die gegenwärtige Diskussion über die Integration von moralischen und gesellschaftlichen Ansprüchen in den unternehmerischen Alltag hat nämlich dazu geführt, dass sich in den letzten Jahren konkrete anwendungsorientierte Konzepte und Instrumente herausgebildet haben, die praktisch bisher v.a. (aber nicht nur) von Großkonzernen mit spezifischen Reputationsproblemen umgesetzt wurden. Ein wesentlicher Antriebsfaktor für die Anwendung in der Unternehmenspraxis ist dabei die Herstellung von Glaubwürdigkeit und Vertrauen. Dem Anspruch nach die-

---

[5] Als Beleg sollen hier die vielfältigen – alten und neuen – Wirtschaftsinitiativen genügen, die sich explizit dieser Themen angenommen haben: darunter der Bundesdeutsche Arbeitskreis für Umweltbewusstes Management (B.A.U.M.) e.V. (www.baumev.de), Future e.V. – Umweltinitiative von Unternehmen (www.future-ev.de), das deutsche Netzwerk Wirtschaftsethik (www.dnwe.de), die Initiative für Freiheit und Verantwortung (www.wiwo.de/www/fuv/index.htm), die Bundesinitiative Unternehmen: Partner der Jugend (UPJ) – Corporate Citizenship in Deutschland (www.upj-online.de), econsense (www.econsense.de), CSR Germany (www.csrgermany.de)
[6] Vgl. etwa Habisch 2003, vgl. auch Kapitel 7 (a)
[7] Vgl. zu diesem Begriff das Gutachten von Wieland/ Fürst in Teil C, 252 ff.

nen solche von Beratern, Wissenschaftlern und Unternehmen entwickelten Konzepte des *Ethik-, Werte-,* oder *Nachhaltigkeitsmanagements* umfassend der strategischen Unternehmenssicherung, indem sie potentiell zum Generieren vielfältiger Vorteile sowohl für die Unternehmen als auch ihre Anspruchsgruppen beitragen. Es stellt sich daher die Frage, ob die mit Ethikmanagementsystemen angestrebte Verknüpfung von moralisch-gesellschaftlichen mit wirtschaftlichen Erwägungen für die spezifischen Anforderungen der Naturkostunternehmen nutzbar gemacht werden können.

1.3 Gegenstand

Als Fortführung und Konkretisierung der Vorüberlegungen lassen sich Gegenstand und Zielsetzung dieses Forschungsprojektes folgendermaßen umschreiben:

Im Rahmen der Machbarkeitsstudie sollten die Möglichkeiten und die Erfordernisse einer branchenbezogenen Anwendung systematischer Konzeptionen für einen professionellen Umgang mit ethisch-moralischen Problemstellungen im Unternehmenskontext (Ethikmanagement bzw. Ethikmanagementsysteme) erforscht werden.[8] Als empirischer Untersuchungs- und potentieller praktischer Anwendungsbereich diente dazu der Wirtschaftszweig ökologisch erzeugter Lebensmittel bzw. die entsprechend darin vertretenen Unternehmen (Naturkostbranche). Der Untersuchungsgegenstand „Naturkostbranche" wurde im Rahmen dieser Studie eingegrenzt auf einzelne ausgewählte Unternehmen aus den Bereichen *Herstellung* und *Großhandel*. Auswahlkriterien waren dabei die Größe (mindestens 50 Mitarbeiter) sowie – ganz pragmatisch – das Interesse am Thema bzw. die Bereitschaft zu einer Kooperation. Der inhaltliche Grund für diese Eingrenzung lag darin, dass erst bei Unternehmen ab einer bestimmten Größe von einem Bedarf an einer Auseinandersetzung mit moralischen Fragen des unternehmerischen Handelns *auf Organisationsebene* (und nicht mehr bloß beim individuellen Unternehmer) auszugehen ist. Dies trifft eher auf die Bereiche Herstellung und Großhandel als auf den Einzelhandel zu, der für die Fragestellung dieser Stu-

---

[8] Vgl. zu dem hiesigen Verständnis der beiden Begriffe ausführlicher das Kapitel 1.6

die deshalb nicht grundsätzlich uninteressant war, aber (vorerst) ausgeklammert wurde.

Gemäß den oben beschriebenen Wegen der thematischen Annäherung waren die beiden zentralen Gegenstände des Forschungsprojekts somit „Ethikmanagement" und „Naturkostbranche", deren Verhältnis auf empirischer Ebene im Lichte der Machbarkeit durchleuchtet werden soll.

1.4 Zielsetzung und Leitfragen

Die Hauptaufgabenstellung dieser Studie – die praktischen Möglichkeiten und Erfordernisse von Ethikmanagement in der Naturkostbranche zu eruieren – kann anhand von vier Leitfragen konkretisiert werden.

An *erster* Stelle musste die Frage nach dem spezifischen Sinn und Zweck stehen, den eine Einführung von Ethikmanagementsystemen in Unternehmen der Naturkostbranche haben könnte. Würde man die Diskussion über Unternehmensethik bzw. das Anliegen von Ethikmanagement in einem verkürzten instrumentellen Sinne (falsch) verstehen, so käme man womöglich zu dem Schluss, dass derartige Bemühungen bloß etwas für solche Unternehmen seien, die aufgrund von schlechten Erfahrungen, kritischen Produkten oder bedenklichen Praktiken „einen Bedarf an mehr Ethik" hätten, was zumindest auf den ersten Blick für die Naturkostbranche nicht zutrifft. Nimmt man hingegen den Begriff Unternehmens*ethik* ernst und stellt damit auf eine grundlegende Reflexion der eigenen Geschäftstätigkeit ab, dann wird eine eingehendere Beschäftigung mit diesen Fragen gerade für solche Branchen und Unternehmen interessant, die ihre Rolle in Umwelt und Gesellschaft bereits thematisieren. Auf praktischer Ebene bleibt dann allerdings noch im Einzelnen herauszufinden, *welche* Bedeutung Ethikmanagement konkret für die Bearbeitung der bestehenden moralischen Probleme haben könnte.

Um dies beantworten zu können, erschien es *zweitens* erforderlich, einmal sorgfältig die Besonderheiten der Naturkostbranche in Bezug auf wirtschaftsethische Fragestellungen im Allgemeinen[9] sowie in Bezug auf die faktisch vorliegenden moralischen bzw. moralrelevanten Problemlagen und Einflussfaktoren zu studieren. Dies galt es schließlich vor den potentiellen Lösungsbeiträgen und dem Wirkungsanspruch eines professionellen Ethikmanagements zu spiegeln.

---

[9] Darüber gibt Teil C des Berichts Auskunft.

Unmittelbar daran anschließend stellte sich *drittens* auch die Frage nach der praktischen Anschlussfähigkeit der organisatorischen und instrumentellen Vorgaben bzw. Anforderungen von Ethikmanagement in Bezug auf die in den Unternehmen bereits vorhandenen Maßnahmen und Praktiken. Dazu galt es herauszufinden, welche Werkzeuge, Programme, Aktivitäten, Strategien etc. in den Unternehmen bislang zur Anwendung kommen und auf welche Weise, zu welchem Zweck und mit welchem Anspruch dies jeweils betrieben wird.

Viertens schließlich musste eine Machbarkeitsuntersuchung bestrebt sein, die möglichen Hindernisse, die bestehenden Potentiale sowie die kritischen Erfolgsfaktoren zu identifizieren. Diese dürften sich aus vielfältigen zu erforschenden Sachlagen ergeben, die von persönlichen Faktoren wie der Aufgeschlossenheit einzelner Personen dem Thema gegenüber bis hin zu den strukturellen Verhältnissen in den Unternehmen reichen können.

Die Ergebnisse in diesen vier erkenntnisleitenden Fragen- bzw. Themenkomplexen sollten zusammengenommen letztlich Auskunft über die allgemeine Frage nach der Machbarkeit von Ethikmanagement in der Naturkostbranche geben. An dieser Stelle ist darauf hinzuweisen, dass eine solche explizit praxisorientierte Forschungsausrichtung offenkundig auch die Implikationen für eine denkbare, sich anschließende praktische Umsetzung auf der Grundlage der gewonnenen Erkenntnisse mitdenken muss. In diesem Sinne sind ergänzend zu den vier eher analytisch ausgerichteten Leitfragen noch zwei weiterführende Anschlussfragen zu erwähnen, welche im Rahmen dieser Studie allerdings nur angerissen werden können[10]:

Zum einen dürften die Befunde dieser Studie verschiedenste praktische Hinweise und Anregungen geben können, sie sollen sogar ausdrücklich dazu benutzt werden, konkrete Erfordernisse und Möglichkeiten für eine praktische Umsetzung von Ethikmanagement in der Naturkostbranche abzuleiten. Das über die reine Bestandsaufnahme hinausgehende Ziel dieses Forschungsprojektes bestand insofern darin, perspektivisch bereits erfolgversprechende Wege und erste praktische Schritte in Richtung eines weiterführenden Implementationsvorhabens aufzuzeigen.

---

[10] Vgl. Kapitel 8.

Zum anderen wäre auf der Grundlage der empirischen Befunde zu ermitteln, welche konzeptionellen und inhaltlichen Anpassungen und welche konkrete Ausgestaltung eines praktikablen Ethikmanagementsystems für Unternehmen der Naturkostbranche vorgenommen werden müssten. Dazu wären die Vorschläge und Erfahrungen bestehender Konzepte des Ethikmanagements aufzugreifen und an der speziellen Unternehmensrealität in der Naturkostbranche zu überprüfen.

Zur besseren Übersicht werden die Leitfragen und die sich anschließenden weiterführenden Fragen in folgender Tabelle noch einmal zusammengefasst:

Abbildung 1: Leitfragen der Studie

Leitfragen:

- Welchen spezifischen Sinn und Zweck kann die Einführung von Ethikmanagementsystemen in der Naturkostbranche haben?
- Durch welche Besonderheiten zeichnet sich die Naturkostbranche hinsichtlich der Probleme aus, die mit einem Ethikmanagementsystem bearbeitet werden könnten?
- Wie ist der aktuelle Stand bei den praktizierten Instrumenten und Maßnahmen mit (inhaltlichen und konzeptionellen) Bezügen zu Ethikmanagement(systemen)? Welche relevanten Ansätze und Aktivitäten bestehen bereits?
- Welche Hindernisse, Potentiale und Erfolgsfaktoren in Bezug auf die mögliche Einführung eines Ethikmanagementsystems bestehen in den Unternehmen der Naturkostbranche praktisch?

Anschlussfragen:

- Welche Perspektiven und praktischen Schritte für ein weiterführendes Implementationsvorhaben zeichnen sich ab?
- Wie müsste ein Ethikmanagementssystem, das an die Besonderheiten der Naturkostbranche bzw. -unternehmen angepasst ist, konkret ausgestaltet sein und welche Veränderungen müssten dazu an bestehenden Ethikmanagement- Konzepten vorgenommen werden?

Da sich der geographische Fokus dieser Studie auf die Bundesrepublik Deutschland konzentriert, bleibt die Frage offen, ob die neuartig anmutende Themenstellung „Ethikmanagement in der Naturkostbranche" auch tatsächlich neu ist, oder ob es nicht schon praktische Erfahrungen mit genau diesem oder auch einem verwandten Inhalt in anderen Ländern dieser Welt gibt, an denen man sich orientieren und von denen man lernen könnte. Aus diesem Grund wird in einer Teilstudie der gegenwärtige Stand von Ethikmanagementsystemen im internationalen Vergleich ermittelt, wobei nach Bezügen zum (ökologischen) Lebensmittelmarkt gefragt werden soll.[11]

1.5 Methodik und empirischer Zugang

Um aussagekräftige Antworten auf die Leitfragen zu erhalten, bedurfte es einer empirischen Herangehensweise an den Untersuchungsgegenstand, die bestimmten Anforderungen Rechnung zu tragen vermag:

Da die benötigten Unternehmensinformationen größtenteils nicht öffentlich und frei zugänglich sind, muss ihre Gewinnung direkt in den Unternehmen ansetzen. Darüber hinaus lassen sich die meisten der Faktoren, die über die Machbarkeit entscheiden, nicht eins zu eins abbilden, sondern müssen erst als solche identifiziert und in ihrer Bedeutung interpretiert werden. Dabei manifestieren sich diese Faktoren nur zum Teil in Form von Daten im Sinne von „harten Fakten"; auch eine ganze Reihe von weichen Faktoren wie persönliche Einschätzungen und Interessenlagen oder Aspekte der Unternehmenskultur und der Unternehmensgeschichte usw. dürfte die Bewertung der Machbarkeit mitbestimmen. Schließlich kommt es bei alledem weniger auf die Breite und Repräsentativität der Informationen an als vielmehr auf deren Tiefe und Qualität.

Als verbreitetes Instrument der empirischen Sozialforschung, welches diese Kriterien sehr gut zu erfüllen im Stande ist, liegt dieser Studie methodisch in erster Linie das leitfadengestützte qualitative Interview zugrunde.[12] Dieses Instrument ermöglicht es zudem, auch die Hintergründe und Zusammenhänge der gewonnenen Informationen zu erfassen und zu bewerten.

---

[11] Vgl. Teil B
[12] Vgl. den Interviewleitfaden im Anhang.

Als Interviewpartner wurden die Gründer, Inhaber, Geschäftsführer der Unternehmen ausgewählt, weil allein diese Personen umfassende Kenntnisse über das gesamte Unternehmen inklusive seiner normativen Verfasstheit besitzen und auch in zeitlicher Hinsicht den Überblick über das Unternehmen haben. Dieser Fokus ist zudem vor dem Hintergrund gewählt, dass mittelständische Unternehmen der hier anvisierten Größenordnung sehr stark unternehmergeprägt sind.

Die Auswahl der Unternehmen aus den Bereichen Herstellung und Großhandel erfolgte danach, dass dort – soweit dies im Vorfeld zu ermitteln war – eine gewisse Aufgeschlossenheit gegenüber der Themenstellung und/oder unternehmensethikrelevante Aktivitäten im weitesten Sinne bestehen sollten.

Für den Erfolg bei der Ermittlung der Unternehmen von Interesse und bei der Vermittlung der jeweiligen Gesprächspartner spielten die unterstützenden Aktivitäten des Branchenverbands in diesem Projekt eine entscheidende Rolle. Insbesondere beim Umgang mit den Kontakt- und Terminproblemen, die generell bei Unternehmerbefragungen bestehen, erwies sich die aktive Beteiligung des Praxispartners BNN als sehr vorteilhaft – nicht nur für ein unkompliziertes Zustandekommen der Gesprächstermine, vor allem auch für die praktische Durchführung der Gespräche vor Ort.

Letztere fanden in dem Zeitraum zwischen September und November 2004 mit folgenden deutschen Naturkostunternehmen der Bereiche Herstellung und Großhandel statt:

Abbildung 2: Aufstellung der befragten Unternehmen

Herstellung	**Großhandel**
– Allos Walter Lang GmbH,	– Alnatura Produktions- und Handels GmbH,
– Bohlsener Mühle e.K.,	
– Neumarkter Lammsbräu Gebr. Ehrnsperger e.K.,	– Bodan GmbH,
	– dennree Versorgungs GmbH,
– Molkerei Söbbeke GmbH & Co. KG,	– C.F. Grell Nachf. Naturkost GmbH & Co. KG,
– Ulrich Walter GmbH/Lebensbaum	– Kornkraft Naturkost und Naturwaren,
	– Terra Naturkost Handels GmbH

Die Auswertung der gewonnenen Daten erfolgte softwaregestützt mit MAXQDA, einem verbreiteten Programm zur qualitativen Datenanalyse. Diese Vorgehensweise erwies sich als besonders gewinnbringend, weil die dem Programm innewohnende Möglichkeit zur kreativen Strukturierung und Einordnung von Interviewdaten einen gangbaren Weg bahnte, dem explorativen Charakter der Studie methodisch gerecht zu werden. Den Abschluss des Forschungsprojektes bildete eine Vortrags- und Workshopveranstaltung, die am 19. Januar in Frankfurt am Main abgehalten wurde. Mit dieser Veranstaltung wurde das Ziel verfolgt, die Projektergebnisse einem breiteren Publikum – über 40 Teilnehmer aus Unternehmen, Beratung, Verbänden und Wissenschaft – vorzustellen und sie in Arbeitsgruppen im Hinblick auf konkrete Umsetzungsperspektiven für Unternehmen und Branche zu diskutieren. Gleichzeitig sollte den interessierten Vertretern der Naturkostbranche über einen Austausch mit Ethikmanagement-Experten aus Wissenschaft und Beratung das Thema in seiner praktischen Bedeutung nahe gebracht werden.[13]

1.6 Unternehmensethik, Ethikmanagement und Ethikmanagementsysteme

Arbeitsdefinition

Die Wahl des Begriffs „Ethikmanagement" als zentralen Gegenstand dieser Studie ist gewiss erläuterungsbedürftig, da diese Wortzusammensetzung – wohl nicht nur bei Philosophen – zunächst ein durchaus berechtigtes Befremden auslösen dürfte, suggeriert sie doch mitunter, dass Ethik (eigentlich eine philosophische Disziplin) managebar sei. In der aktuellen Diskussion über die praktische Implementation von ethisch-normativen Aspekten in das unternehmerische Handeln tauchen die verschiedensten Begrifflichkeiten auf, die allesamt eine inhaltlich ähnliche Ausrichtung besitzen und daher gerne auch synonym verwendet werden, die andererseits jedoch jeweils besondere Aspekte in den Vordergrund stellen. Wenn von Wertemanagement, Integritätsmanagement, Nachhaltigkeitsmanagement oder dem Management der gesellschaftlichen Unternehmens-

---

[13] Die in den Diskussionen und Vorträgen der Veranstaltung aufgeworfenen Fragen, die kritischen Kommentare und die weiterführenden Anregungen bzgl. des Themas der Studie werden in Kapitel 8 aufgegriffen.

verantwortung (Corporate Social Responsibility), also CSR-Management die Rede ist, dann stecken dahinter zwar die unterschiedlichsten wirtschaftsethischen Begründungen, theoretischen Weltbilder und normativen Geltungs- und Wirkungsansprüche, doch im Bereich der praktisch-instrumentellen Ausgestaltung und Konzeptionalisierung weisen sie durchaus große Ähnlichkeiten auf. Auf eine Bewertung der Qualität und Tauglichkeit der bestehenden Ansätze, also auf eine Vorauswahl zugunsten eines bestimmten Managementsystems wird hier bewusst verzichtet, obwohl die Bestimmung der Machbarkeit entscheidend auch von den konzeptionellen Vorschlägen und Anforderungen des jeweiligen Managementkonzepts abhängt. Als Ausweg aus diesem Dilemma, ein vielgestaltiges, diffuses Modell namens „Ethikmanagement" als Referenzpunkt einer Machbarkeitsbestimmung heranzuziehen, wird eine allgemeine und umfassende Arbeitsdefinition für „Ethikmanagement" vorgeschlagen, welche beansprucht, die verschiedenen bestehenden Konzepte in ihren Gemeinsamkeiten einzufangen und doch nicht beliebig, unbestimmt oder zu allgemein zu sein. Als verbindendes gemeinsames Moment der angesprochenen Managementansätze fiel die Wahl auf den Begriff „Ethik", weil in allen Fällen moralische und moralrelevante Aspekte im Unternehmenskontext behandelt werden sollen, vor allem aber auch, weil damit stärker als etwa beim Begriff Wertemanagement die wichtige *reflexive* Perspektive auf das (unternehmerische) Handeln herausgestellt wird.

Arbeitsdefinition:

Kennzeichnend für „Ethikmanagement" im hiesigen Sinne ist das Anliegen bzw. der Anspruch, ethisch-normative Herausforderungen und Fragestellungen im Unternehmen

– breit

– tief

– systematisch

– und integrativ

zu behandeln.

Diese allgemein gehaltene Formulierung der Arbeitsdefinition soll zwar bewusst einigen Interpretations- und Ausgestaltungsspielraum offen lassen, sie soll jedoch keineswegs zur völligen semantischen Beliebigkeit verleiten. Daher ist ergänzend zu erläutern, was mit den genannten vier Eckpunkten im Einzelnen gemeint ist: Die postulierte *Breite* eines Ethikmanagementansatzes soll darauf verweisen, dass mit diesem Instrument umfassend alle Unternehmensbereiche, alle relevanten Themen und alle Anspruchsgruppen des Unternehmens berücksichtigt und angesprochen werden sollen. *Tief* ist das Konzept eines Ethikmanagements insofern, als es nicht allein der – gewiss außerordentlich wichtigen – Ebene der Geschäftsführung oder des Topmanagements vorbehalten sein soll, sondern durch die Hierarchien hindurch betrieben werden muss; das heißt für die praktische Umsetzung, dass die ethischen Ansprüche des Unternehmens nicht nur an der Oberfläche formuliert, sondern im Alltag des Geschäfts konsequent verfolgt und implementiert sowie in der Kultur des Unternehmens mit Leben gefüllt werden sollen. Hinzu kommt auch die *Tiefe der unternehmensethischen Reflexion*, was ein grundsätzliches Überdenken der gesellschaftlichen und marktlichen Positionierung des Unternehmens mit allen seinen strategischen Implikationen beinhaltet. Mit „*systematisch*" soll das offensichtliche Erfordernis angedeutet werden, dass ein Ethikmanagementsystem – wie alle anderen Managementsysteme – einen gewissen Grad an Operationalisierung, Institutionalisierung, Steuerung, Planung etc. mit sich bringt. Das Kriterium „*integrativ*" schließlich verweist darauf, dass sämtliche praktischen Aktivitäten im Rahmen des Ethikmanagements – auf operativer, instrumenteller oder strategischer Ebene – konsistent aufeinander bezogen sein müssen, damit sie in ihrer Summe ein in sich stimmiges, ganzheitliches Gesamtkonzept ergeben.

In konzeptioneller Hinsicht sind die beiden praktischen Kennzeichen eines Ethik-*Managementsystems* somit allgemein (1) der Einsatz bzw. die Anwendung diverser Maßnahmen und Managementinstrumente mit direktem oder auch indirektem unternehmensethischen Bezug[14], welche (2) über eine systematische Abstimmung und konsistente Verknüpfung in ein übergreifendes Gesamtkonzept integriert sind. Letzteres der beiden Kennzeichen ist gewiss ein sehr unternehmensindividueller Gesichtspunkt, der erst im Prozess der praktischen Implementation Gestalt annehmen kann; das erste dagegen kann unter Rückgriff auf die konzeptionellen Vorschläge der bestehenden Ansätze und der einschlägigen (Teil)-

---

[14] Vgl. Lautermann 2004, 108 f., einen Überblick über spezialisierte Instrumente geben Holme/ Watts 2000, 26 ff., vgl. auch Europäische Kommission 2003

Instrumente aus der CSR- und Nachhaltigkeitsdiskussion bereits im Vorfeld veranschaulicht werden. Diesbezüglich ist dieser Studie eine eigene Strukturierung der verschiedenen Handlungsbereiche und Instrumententypen zugrunde gelegt worden, die sich an einschlägigen Rahmenmodellen wie dem WerteManagementSystem des Zentrums für Wirtschaftsethik (WMS^{ZfW})[15] und dem Integritätsmanagementsystem nach Waxenberger[16] anlehnt.

Abbildung 3: Handlungsbereiche und Instrumententypen eines Ethikmanagementsystems im Überblick

1. *Willens- und Zielerklärungen, Selbstverpflichtungen und Sollbestimmungen*
   z.B. Vision, Leitbild, Unternehmenswerte, Verhaltensstandards, Ethikkodex

2. *Verankerung in den Strukturen, Prozessen und der Kultur des Unternehmens*
   z.B. in Aus- und Weiterbildung, interne Kommunikation, Anreizsysteme, Arbeitsverhältnisse, Stellenbeschreibungen

3. *Spezielle unternehmensethische Maßnahmen*
   die auf bestimmte Anspruchsgruppen bzw. Themenbereiche gerichtet sind: z.B. Mitarbeiterprogramme, Umweltmanagement, Qualitätsmanagement, Risikomanagement, Lieferantenbewertungen, Gemeinnütziges Engagement in Region und Gesellschaft (Corporate Citizenship-Projekte)

4. *externe Kommunikation:*
   des unternehmensethischen Engagements, der Ziele, Ergebnisse und Fortschritte z.B. über Nachhaltigkeitsberichte, PR und Marketing, Mitgliedschaften und Kooperationen

5. *Steuerung und Kontrolle:*
   Interne Selbstkontrolle und -steuerung durch Managementsysteme, Fremdsteuerung durch externe Audits und Zertifizierungen

---

[15] Vgl. Wieland 2004
[16] Vgl. Waxenberger 2001

Diese verschiedenen Instrumententypen und Handlungsfelder waren auch Gegenstand der Unternehmensinterviews. Die Strukturierung in Abbildung 3 diente als Orientierungsrahmen für die empirische Bestandsaufnahme der in den Unternehmen bereits vorhandenen unternehmensethikrelevanten Instrumente, wurde aber auf der Grundlage der gewonnenen Informationen noch etwas verfeinert und erweitert.[17] Denn auch der hier vorgeschlagene, von Referenzkonzepten abgeleitete Instrumenten- und Maßnahmenkatalog muss im Lichte der Machbarkeitsermittlung unter gewissen Vorbehalten gesehen werden.

An dieser Stelle sei noch einmal darauf verwiesen, dass die beschriebene konzeptionelle Fassung von Ethikmanagement bzw. Ethikmanagementsystemen, wie sie dieser Studie zugrunde gelegt wird, bewusst relativ weit gefasst und allgemein gehalten ist. Denn solange es um die Ermittlung von Machbarkeit und Potentialen geht, erfordert es zwangläufig auch eine gewisse Flexibilität und Unvollendetheit dessen, was gemacht werden soll. Erst über die Befunde der Studie können dann weiterführende Implikationen für eine genauere – branchen- und unternehmensadäquate – Konzeption von Ethikmanagement abgeleitet werden. Aus diesem Grund sind auch keine Spezialinstrumente (im Sinne von Standards im strengen Sinne) oder Werkzeuge für Teilaspekte als konzeptionelle Referenz bzw. Orientierung hinzugezogen worden, sondern nur solche Konzepte aus Wissenschaft und Beratung, die den Anspruch besitzen, als umfassender Orientierungsrahmen zu fungieren.

Als prominentes Beispiel mit praktischen Anwendungserfahrungen ist hier das WerteManagementSystem (WMS^{ZfW}) zu nennen, auch das erwähnte Integritätsmanagementsystem ist von seinem Aufbau und Anspruch her von unmittelbarer Bedeutung. Ferner sind in praxisorientierten Projekten Managementmodelle entwickelt und auch erprobt worden, die ausdrücklich Nachhaltigkeit und gesellschaftliche Unternehmensverantwortung zum Gegenstand haben und bei denen die Komponente „Managementsystem" in spezifischer Weise zur Geltung kommt. Der in dem Projekt COSORE[18] entwickelte Ansatz orientiert sich an dem Managementsystem der Balanced Score Card und entwickelt dieses um die Dimension der gesellschaftlichen Verantwortung weiter. Auf analoge

---

[17] Vgl. Kapitel 4.
[18] „Corporate Social Responsibility in SME", ein EU-gefördertes Projekt zur sozialen Verantwortung in kleinen und mittleren Unternehmen, vgl. www.cosore.com

Weise wurde im Rahmen des Projektes be.st – benchmarking for sustainability bzw. Sustainable Excellence[19] das EFQM-Modell um Aspekte der Nachhaltigkeit fortentwickelt. Zum Verhältnis der beiden in dieser Studie häufig gebrauchten Begriffe „Ethikmanagement" und „Unternehmensethik" ist anzumerken, dass sie mit einer unterschiedlichen Konnotation verwendet werden: Versteht man Unternehmensethik allgemein als die Reflexion der moralischen Dimension sämtlicher unternehmerischer Handlungs- und Wirkungsbereiche in praktischer Absicht, dann soll hier mit der Verwendung des Begriffs Unternehmensethik der Aspekt der ethischen Reflexion auf Unternehmensebene (v.a. auch in Abgrenzung zur individuellen Unternehmermoral) und mit Ethikmanagement der Aspekt der tatsächlichen Anwendung und der praktischen Konsequenzen zum Ausdruck gebracht werden. Mit der jeweiligen Begriffsverwendung wird also immer eine Seite der semantischen Medaille in den Vordergrund gestellt.

Grenzen und Abgrenzungen von Ethik-Managementsystemen

1. Möglichkeiten und Grenzen von Managementsystemen:

Ist von „Managementsystemen" die Rede, so stellt sich besonders im Zusammenhang mit so schwer fassbar erscheinenden Themen wie Werten, Nachhaltigkeit, Verantwortung etc. die Frage: Was kann ein Managementsystem alles leisten und was nicht mehr, wofür kann man von ihm Lösungsbeiträge und praktische Hilfen erwarten und wofür nicht? Ein realistisches Verständnis von Managementsystemen sollte sie allgemein als Hilfsmittel beschreiben, die ein definiertes Professionalitätsniveau, einen Verfahrensstandard im Umgang mit einem bestimmten Themenbereich garantieren. Dies ist die Aufgabe und sollte der Anspruch von Managementsystemen sein – nicht mehr und nicht weniger. Das heißt auf der anderen Seite, dass sie zwar eine notwendige, aber noch keine hinreichende Bedingung für das Erzielen von herausragenden Ergebnissen in der Bearbeitung des entsprechenden Themenfeldes sind.

Für den Fall von Ethikmanagementsystemen bedeutet dies, dass sie keineswegs einen normativen Gehalt oder moralischen Standard garantie-

---

[19] Vgl. www.sustainable-benchmarking.de und www.sustainable-excellence.de

ren, sondern lediglich als Verfahrenssicherung zu verstehen sind, mit deren Hilfe dann die Bearbeitung ethisch-moralischer Problemstellungen umfassend, systematisiert, fundiert, reflektiert, erfolgsorientiert, professionell, kontinuierlich usw. gewährleistet wird. Was über diese Verfahrenssicherung hinaus geschieht, ist etwas, das in der unternehmerischen Praxis erst noch geleistet werden muss, eine Aufgabe der Unternehmenspolitik, die bei inhaltlicher oder materieller Prüfung auf möglichst gute Ergebnisse abzuzielen hat. Genauso wie nie zu erwarten war, dass man mit der Einführung eines Umweltmanagementsystems automatisch aus einem ökologisch bedenklichen Unternehmen einen Musterknaben des betrieblichen Umweltschutzes machen würde, genauso wenig würde ein Ethikmanagementsystem zwangläufig ein moralisch korrektes Unternehmen hervorbringen. Es würde „nur" dabei helfen, den Überblick zu behalten und die moralische Dimension der Unternehmensentscheidungen nicht der Willkür – etwa der Tageslaune des Geschäftsführers – zu überlassen.

2. Abgrenzung und Verhältnis zu anderen Managementsystemen

Das Beispiel des Umweltmanagements wirft ein weiteres Problem hinsichtlich der *Grenzen* von Managementsystemen auf – das Problem der zunehmenden Zahl spezialisierter Managementsysteme, die mit ihrer Fülle von Anforderungen insbesondere kleine und mittlere Unternehmen praktisch zu überfordern drohen. Der in dieser Hinsicht berechtigte Einwand, mit dem es sich zu Beginn dieses Projektes auseinander zu setzen galt, kann auf die Frage zugespitzt werden: „Jetzt auch noch ein Managementsystem für Ethik...?"

Doch die praktische Herausforderung im Umgang mit Managementsystemen kann nicht darin bestehen, möglichst viele oder möglichst wenige Managementsysteme im Unternehmen zu unterhalten oder „auszuhalten". Vielmehr besteht sie darin, mit – ob nun einem integrierten oder mehreren spezialisierten – Managementsystemen die notwendige Aufgabe zu bewältigen, viele und vielfältige Problemfelder gleichzeitig zu managen.

Insofern ist das Verhältnis eines Ethikmanagementsystems zu anderen Managementsystemen zu klären, damit in der praktischen Umsetzung mit möglichen inhaltlichen und instrumentellen Überschneidungen, Wechselbeziehungen und Konflikten umgegangen werden kann: Einerseits ist ein Ethikmanagementsystem ein Managementsystem der Managementsysteme, denn es ist auf einer den Managementsystemen wie Umweltmanagement oder Qualitätsmanagement übergeordneten Ebene angesiedelt, sucht es doch die moralischen Gehalte dieser Bereiche integrativ und aufeinander abgestimmt zu berücksichtigen. Ein Ethikmanagementsystem ist somit auf jeden Fall ein *integriertes* Managementsystem. Es ist aber nicht nur eine Zusammenfassung, sondern andererseits auch etwas qualitativ anderes als die herkömmlichen Managementsysteme. Denn es dient dem *Management der ethisch-normativen Dimension* eines Unternehmens, es liegt – bildhaft gesprochen – (nicht nur über, sondern auch) quer zu sämtlichen Teil- und Spezialbereichen in einem Unternehmen, anders ausgedrückt: es zieht sich durch alle Unternehmensprozesse und betrifft alle Stakeholderbeziehungen.

Für eine Umsetzung in den Unternehmen kann das nur heißen, dass ein praktikables Ethikmanagementsystem die Fähigkeit besitzen muss, an bestehende Managementsysteme anzudocken bzw. sich mit ihnen zu verbinden.[20]

1.7 Überblick zur Darstellung der empirischen Ergebnisse

Die empirischen Befunde und die gewonnenen Erkenntnisse, die für das Thema dieser Studie von Bedeutung sind, werden in vier Kapiteln zu verschiedenen relevanten Aspekten der Unternehmensethik dargestellt, bevor in einem fünften Schritt schließlich explizit die Frage nach der Machbarkeit von Ethikmanagement in Naturkostunternehmen behandelt wird.

Der erste Schritt (*Kapitel 2*) geht zurück in die Vergangenheit zu den Anfängen der Naturkostbranche, zu den Entstehungsgründen, die eine Reihe von Unternehmern dazu bewegt haben, ihre Geschäfte auf die jeweils besondere Art und Weise zu entwickeln, wie sie das in den letzten 20 bis 30 Jahren getan haben. Unmittelbar anknüpfend an die zum Teil auch sehr persönlichen Motive für die ungewöhnliche Ausrichtung der eigenen Geschäftstätigkeiten werden in *Kapitel 3* die individuellen – moralischen – Bewertungen grundlegender wirtschaftlicher und unternehmerischer Zusammenhänge in das Blickfeld gerückt, um daraus

---

[20] Wie dies in den beiden erwähnten Fällen COSORE (Balanced Score Card) und be.st (EFQM-Modell) ausdrücklich geschehen ist.

einige Schlussfolgerungen für die Relevanz von Unternehmensethik zu ziehen. Diese empirische Relevanz wird zudem in dem ausführlichen *vierten Kapitel* über die in den Unternehmen angewandten Maßnahmen und Instrumente mit unternehmensethischen Bezügen unter Beweis gestellt. Im Anschluss daran weist das *Kapitel 5* in Richtung Zukunft, indem (moralisch bedenkliche) Risiken und unerwünschte Entwicklungen, welche die Unternehmer für besonders prekär und bedeutsam halten, thematisiert werden. Mit dem *sechsten Kapitel* soll schließlich der Grundstein für zukunftsweisende Entwicklungen gelegt werden, die sowohl den Risiken und Problemen gerecht zu werden als auch die bisherigen Werte und Engagements erfolgreich fortzusetzen versprechen.

2 Zurück an die Quelle: Ursprünge und (Hinter)Gründe für die Hinwendung zu einem moralisch aufgeladenen Geschäft

In der Einleitung ist darauf hingewiesen worden, dass Naturkostunternehmen (nicht nur, aber vor allem) mit ihren nach strengen ökologischen Kriterien hergestellten Produkten explizit eine moralische Dimension bzw. eine gesellschaftliche Verantwortung in ihre Geschäftstätigkeit eingebettet haben. Ohne gleich die ganze Geschichte der Naturkostbranche erzählen zu wollen[1] lohnt doch ein kurzer Rückblick darauf, was die Ursprünge, Gründe und Hintergründe dafür waren, dass in den letzten 20 bis 30 Jahren eine ganze Reihe von Unternehmen mit einer solchen Ausrichtung gewachsen sind. Denn es besteht die Aussicht, dass von den damaligen Quellen einige Lehren über die Besonderheiten von Unternehmen wie Branche in Bezug auf ihre unternehmensethische Verfassung gezogen werden können, die nicht zuletzt auch für die Bewertung der aktuellen Situation hilfreich sein können. Deshalb waren auch die vielfältigen Wirkungsfaktoren, die in ihrer Summe dafür ausschlaggebend waren, dass sich die verschiedensten Unternehmer zu dem moralisch aufgeladenen Geschäft der ökologischen Lebensmittelproduktion und -distribution hingewendet haben, Gegenstand dieser Untersuchung.

Die Sammlung der in den Unternehmensinterviews angesprochenen Gründe und Quellen für die seinerzeitige Entstehung ökologischer Lebensmittelunternehmen ergibt ein vielfältiges Bild, welches nicht einfach nur mit dem Zeitgeist dieser Generation beschrieben werden kann. Letzterer hat dabei gewiss eine entscheidende Rolle gespielt, doch hinzu kommen noch einige weitere Faktoren, die mindestens genauso einflussreich waren. Die Ambivalenz und die Vielgestalt dieses Bildes lassen sich auf Grundlage der empirischen Befunde anhand dreier Spektren veranschaulichen (vgl. Abbildung 4).

---

[1] Vgl. hierzu Thomas/ Groß 2005

Abbildung 4: Die Ursprünge des Naturkostgeschäfts sind vieldeutig

Intrinsische Gründe: "Motive"	Umfeldfaktoren
idealistische, weltanschauliche	wirtschaftliche, technische Beweggründe
Zufall, Gefühl	Plan, Strategie

Mit dem *ersten Spektrum* soll angezeigt werden, dass die Hinwendung zum Naturkostgeschäft aus einem Zusammenspiel von inneren und äußeren Beweggründen resultierte. Als prägende Umfeldfaktoren wurde in den Gesprächen natürlich häufig auf den erwähnten Zeitgeist verwiesen: Selbstverständlich spielten die gesellschaftlichen Debatten (vor allem über Umwelt, Frieden und das Wirtschaftssystem) und Bewegungen (68er usw.) eine große Rolle für die Ausrichtung des persönlichen Engagements – mit den entsprechenden Auswirkungen auf die beruflichen Betätigungen. Auf individueller Ebene führte dies nämlich teils zu dem Bestreben, die persönlichen Weltanschauungen mit der beruflichen Tätigkeit zu verbinden. Die persönlichen Motive waren dabei höchst heterogen und bei weitem nicht einfach nur ideologisch geprägt (wie mit dem zweiten Spektrum angedeutet werden soll). Für die äußeren Beweggründe gilt zudem, dass nicht nur der allgemeine gesellschaftliche Trend, sondern gerade auch Schlüsselerlebnisse und prägende Begegnungen mit besonderen Menschen das ihre dazu beigetragen haben, dass es so kam, wie es kam. Neben der Unterschiedlichkeit der Einflussfaktoren ist hierbei entscheidend, dass die inneren Überzeugungen, der persönliche Antrieb bis hin zur „egoistischen" Selbstverwirklichung als der einen Seite des Spektrums immer nur zusammen mit der anderen Seite – dem Sichmitreissen- und Sich-anstoßen-lassen – wirksam werden konnten. Hinsichtlich der aktuellen Frage nach einer Unternehmensethik ist die Bedeutung dieses Zusammenwirkens von persönlichen (moralischen) Motiven und äußeren Einflussfaktoren nicht zu unterschätzen, liegt doch die

Herausforderung für erfolgreiches ethisches Handeln in gewachsenen Unternehmen insbesondere darin, (auch) die moralischen Aspekte von Handlungen zuzulassen und zu fördern.Eine praktische Schwierigkeit ist dabei gewiss der Umgang mit der Unterschiedlichkeit der individuellen moralischen und weltanschaulichen Überzeugungen.

Schon für die damalige Hinwendung einiger Menschen zu anderen Formen und Inhalten des Wirtschaftens, die sodann zum Entstehen einer scheinbar einheitlichen Branche führte, spielten höchst verschiedenartige idealistische und weltanschauliche Beweggründe eine Rolle. Sie reichten (und reichen) von Vegetarismus und Anthroposophie über Systemkritik bis hin zu einem speziellen ökologischen Bewusstsein. Aber daneben waren auch vollkommen unideologische, eher profan erscheinende Gründe, wie die Unzufriedenheit mit der konventionellen Lebensmittelqualität, oder auch rein persönliche Motive ausschlaggebend – etwa der Wunsch, etwas für die eigene Gesundheit und die der Familie zu tun. Dieses *zweite Spektrum* der Entstehungsquellen reicht sogar über solche – mehr oder weniger, aber durchgehend doch – moralisch geprägten Motivlagen hinaus bis hin zu rein technischen oder wirtschaftlichen Erwägungen. Die ökologische Ausrichtung der eigenen unternehmerischen Betätigung ist zum Teil auch deutlich ökonomisch bedingt gewesen, etwa in den Fällen, wo damit eine Spezialisierung angestrebt wurde, um in einer schwierigen Marktlage überhaupt bestehen zu können, oder auch dort, wo bei bestehender (konventioneller) Wirtschaftstätigkeit auf einmal ein neuer Markt erkannt wurde, den es zu bedienen und zu entwickeln galt. Auch die Frage nach erfolgversprechenden Wegen der Unternehmensfortführung durch eine neue Generation führte zu anderen Akzenten der unternehmerischen Tätigkeit in Richtung Ökologie. Dabei kommen – bis heute – sogar Motive zum Tragen, die – zwar nicht losgelöst von jeder Moral oder Weltanschauung, aber – per se als rein technische bezeichnet werden können, z.B. der handwerkliche Anspruch, gute bzw. bessere Produkte herzustellen, womit wir am anderen Ende des Spektrums angekommen wären. Diese Bandbreite an unterschiedlichen Beweggründen ist v.a. deswegen interessant, weil es niemals „entweder – oder" heißt, sondern immer eine Vermischung von mehr oder weniger moralisch-idealistischen mit mehr oder weniger materiell-profanen Motiven war, was sich bis heute nicht grundsätzlich geändert hat. Genauso wenig hat sich die praktische Aufgabe geändert, die beiden Enden des Spektrums im unternehmerischen Alltag in Einklang zu bringen und mit den dabei zwangsläufig entstehenden Konflikten konstruktiv umzugehen. In einer marktlich und gesellschaftlich veränderten Situation stellt sich allein die Frage des *Wie* neu.

In der Entstehungs- bzw. Übergangszeit vor 20 oder 30 Jahren kam diese Verbindung in vielen Fällen eher intuitiv und häufig auch zufällig zustande. Da stand beispielsweise zunächst die Umsetzung einer Idee, die Verwirklichung eines Ideals im Vordergrund, und erst später folgte die Erkenntnis, dass mit der entstandenen betrieblichen Realität auch Fragen der Wirtschaftlichkeit eine adäquate Bedeutung beigemessen werden muss. Das genaue Betätigungsfeld einer im beruflichen bzw. unternehmerischen Kontext vollzogenen Selbst- oder Ideenverwirklichung ergab sich in manchen Fällen weniger aus dem bewussten Einschlagen einer bestimmten Richtung, sondern vielmehr aus Zufällen oder dem Zurückgreifen auf eigene Fähigkeiten, Kenntnisse und Erfahrungen. Dort, wo der Wille im Vordergrund stand, etwas Sinnvolles zu unternehmen, dort war das genaue Thema, der konkrete Inhalt dieser Betätigung zweitrangig – solange es nur sinnvoll war. Verstärkend spielten auch soziale Aspekte mit hinein, weil in vielen Fällen gemeinsam etwas aufgebaut wurde; insofern war auch ein gewisses Wohlgefühl bei der Zusammenarbeit mit anderen, ähnlich engagierten Menschen treibend – der menschliche Umgang, der Spaß und die Vorurteilsfreiheit der Beteiligten.

Am anderen Ende des *dritten Spektrums* zeigt sich hingegen, dass die Entwicklung keineswegs immer und ausschließlich von Gefühlen, Intuitionen und Zufällen geleitet war. In manchen Fällen führte von Anfang an eine kalkulierte und zielgerichtete Planung zu dem besonderen (ökologisch ausgerichteten) Profil des eigenen Unternehmens. Das Unternehmenskonzept stand gewissermaßen schon vor seiner Realisierung in all seinen Details fest. Indessen schließt ein solches langfristiges und strategisches Vorgehen keinesfalls das Mitwirken einer weltanschaulichen oder moralischen Komponente dabei aus; Plan und Strategie zielten hier gerade auf die kreative Verbindung von Ideal und Unternehmertum ab. Mit dieser strategischen Integration von moralischen und ökonomischen Erwägungen sind wir wieder beim Thema Ethikmanagement angelangt. Angesichts der aktuellen Herausforderungen erscheint eine solche Vorgehensweise umso notwendiger, sofern man die moralische Komponente der Geschäftstätigkeit weder bloß intuitiv mitlaufen lassen, noch ganz auf sie verzichten will.

Zusammenfassend lässt sich bereits anhand einer relativ kleinen Zahl exemplarisch untersuchter Unternehmen eine enorme Vielzahl und Verschiedenartigkeit der ursprünglichen Beweggründe für eine Umorientierung und für die aktive Entwicklung eines moralisch aufgeladenen Geschäfts wie der Naturkost konstatieren. Genauso wie damals geht es auch heute darum, die vielfältigsten und verschiedenartigsten Motive und Impulse – und gerade auch ethisch-moralische – aufzugreifen und in das wirtschaftliche Handeln zu integrieren. Allerdings muss dies heute auf eine andere Art und Weise erfolgen sowie, an die veränderten Umstände angepasst, aktiv und mit Nachdruck geschehen. Denn der einst eingeschlagene Weg in Richtung Ökologie hat zwar mit den entstandenen Produkt- und Produktionsstandards gewiss viele Verbesserung mit sich gebracht, er garantiert aber noch keine Kontinuität des Engagements und erst noch recht keine Weiterentwicklung in Richtung mehr Nachhaltigkeit.

3 Individuelle Unternehmermoralen: Schlussfolgerungen für die Relevanz von Unternehmensethik

Mit der Darstellung der Hintergründe und Quellen für die Entstehung des Naturkostmarktes im vorangegangenen Abschnitt sind gleichzeitig auch zahlreiche Anknüpfungspunkte genannt worden, welche eine besondere Aufgeschlossenheit gegenüber dem Thema Unternehmensethik vermuten lassen. Zumindest deuten sie an, wo die wirtschaftsethischen Anschauungen und Vorstellungen der einzelnen Unternehmerpersönlichkeiten herrühren. In Fortführung dessen sind genau diese persönlichen Bewertungen und Einschätzungen des Wirtschaftens in seiner ethisch-moralischen Dimension ein weiterer Gegenstand der Unternehmerinterviews gewesen. Doch warum gehört eine Betrachtung der persönlichen wirtschaftsethischen Vorstellungen von Unternehmern überhaupt in eine Machbarkeitsstudie wie diese? Zunächst weil sie die als bedeutsam bewerteten moralischen Problem- und Handlungsfelder zu identifizieren hilft. Ferner weil auf diese Weise auch ein besseres Verständnis für die Gründe und die Intentionen geschaffen werden kann, weshalb bestimmte unternehmensethikrelevante Maßnahmen im Unternehmen betrieben werden und andere nicht. Letztlich aber auch weil die Inhaber und Geschäftsführer mit ihrer persönlichen Sicht auf die infrage stehenden Problemfelder über die Sinnhaftigkeit von Ethikmanagement und somit über die praktischen Konsequenzen (die Machbarkeit) entscheiden.

In den Gesprächen sind die verschiedensten wirtschaftlichen und wirtschaftsethischen Themenfelder angesprochen worden: Es wurde über das bestehende Menschenbild und die Implikationen für die persönliche Verantwortung des Einzelnen, über die Rolle der Mitarbeiter im Unternehmen und über das Verhältnis zum Kunden gesprochen. Auch über die Beziehung zwischen Wirtschaft und Moral, über denkbare Konflikte in dieser Beziehung sowie über das grundsätzliche Verständnis von Wirtschaft und Wirtschaftsethik wurde geredet. Schließlich waren auch die Rolle des Unternehmers und die Rolle des Unternehmens in der Gesellschaft sowie allgemeine handlungsleitende Werte, Grundsätze und Ideale Gegenstand der Gespräche.

Die empirische Bestandsaufnahme dieser Gesprächsthemen gibt vielfältige Einblicke in die moralische Dimension des unternehmerischen Denkens, und sie erlaubt im Ergebnis fünf grundlegende Schlussfolgerungen für die Relevanz von Unternehmensethik:

1. Moral existiert in den Unternehmen, sie spielt sogar eine grundlegende Rolle, die sämtliches wirtschaftliche Handeln mitbestimmt. Dieser Punkt erscheint nach den Ausführungen des vorigen Abschnitts vermutlich banal oder überflüssig. An dieser Stelle ist es trotzdem sinnvoll, diesen grundlegenden Zusammenhang noch einmal als empirischen Befund, als ökonomische Realität herauszustellen. Denn er wird bei Weitem nicht allgemein so gesehen oder anerkannt – weder von Managern noch von Ökonomen. Für eine Studie über eine andere Branche müsste dieser Zusammenhang womöglich noch viel tiefer und umfassender begründet werden.

2. Moral ist plural zu verstehen, es gibt also nicht das Gute oder das Richtige, sondern jeder hat seine eigenen Vorstellungen davon. Dies ist ebenfalls schon in mehrfacher Hinsicht angedeutet worden und lässt sich anhand der in den Gesprächen geäußerten Werte, Grundsätze und Ideale noch einmal veranschaulichen. (Vgl. Abbildung 5).

Abbildung 5: Unternehmerische Werte, Grundsätze und Ideale

- kleine und dezentrale Wirtschaftsstrukturen
- Regionalität
- Nähe und Direktheit zum Produkt und seiner Verarbeitung
- Ökologie als ethischer Wert mit auch ökonomischer und kultureller Bedeutung
- Leistungsgerechtigkeit in Verbindung mit Solidarität für die Schwachen
- Orientierung an christlichen Grundwerten
- Nichtbehinderung anderer Unternehmen
- Ehrlichkeit als Geschäftstugend
- Zahlungsmoral
- Bescheidenheit
- Authentizität

Auch die vielfältigen unternehmensethischen Teilaspekte und Spezialthemen werden an dieser Sammlung deutlich, d.h. von Person zu Person ändern sich mit dem persönlichen Wertekanon auch die Themen- und letztlich die Handlungsfelder, denen in der Unternehmenspraxis eine Bedeutung beigemessen wird. Beispielsweise erstrecken sich die unternehmensethischen Werte für den einen eher auf abstrakte Ideale wie Regionalität, Dezentralität oder Ökologie, während für den anderen die Moral besonders in den Geschäftstugenden – z.B. Ehrlichkeit oder eine gute Zahlungsmoral – zu liegen hat. Die Gesamtschau der einzelnen Unternehmermoralen zeigt zudem sehr deutlich, dass die unternehmensethischen Themen von potentieller Relevanz – als Folge der Personenabhängigkeit – zumeist nicht vollständig abgedeckt werden. Zum Tragen kommt dieser Sachverhalt in der unterschiedlichen, zum Teil fast gegensätzlichen Bewertung bestimmter Problemfelder – beispielsweise bei der Frage nach einer Öffnung des Fachhandels oder der unterschiedlichen Auslegung des Begriffs Regionalität. Wenn Moral etwas so individuelles und verschiedenartiges ist, dann kann die Einführung des Begriffs Ethik vielleicht einen klärenden Beitrag leisten. Denn Ethik ist – bewusst nicht philosophisch gesprochen – das Nachdenken über moralische Probleme, liegt also eine Reflexionsebene über der Moral und erlaubt es wiederum, auch ihre Vielgestalt zu thematisieren. Die Unterscheidung von Ethik und Moral kann zwar nicht das Problem der Pluralität vollkommen auflösen[1], sie könnte aber dabei helfen, schlicht etwas bewusster und unbefangener mit den Problemen umzugehen.

3. Die thematisierten wirtschaftsethischen Inhalte und die praktisch bearbeiteten Problemfelder variieren stark in Abhängigkeit von den Unternehmensbesonderheiten. Also nicht nur die persönlichen Moralvorstellungen des Gründers oder Unternehmers entscheiden maßgeblich darüber, welche Handlungsfelder ethisch reflektiert werden und welche nicht, sondern zusätzlich auch die Stellung in der Wertschöpfungskette, die spezifischen Kunden- und Lieferantenbeziehungen, das Marktsegment, das Produktportfolio und nicht zuletzt auch das Tagesgeschäft. Im Umkehrschluss bedeutet dies, dass der Blick auf denkbare andere bedeut-

---

[1] Ethik steht stets unter dem Risiko, das an sich Gute im Singular erfassen zu wollen. Ein kulturwissenschaftlicher Ansatz weiß demgegenüber von Beginn an um die Diversität und Pluralität normativer Orientierungen. (Vgl. Forschungsgruppe Unternehmen und gesellschaftliche Organisationen 2004)

same Problemfelder möglicherweise eingeschränkt wird. Unternehmensethik bzw. ein Ethikmanagement könnte dabei helfen, relevante Themen umfassend zur Beachtung zu bringen und nichts aus dem Blickfeld zu verlieren – was allerdings noch nichts darüber aussagt, in welcher Radikalität dies dann zur Geltung gebracht würde.

4. *Es gibt hochgradige Unterschiede in der Tiefe der (wirtschaftsethischen) Reflexion der eigenen Geschäftstätigkeit und der verbundenen ökonomischen und gesellschaftlichen Zusammenhänge.* Die Unterschiedlichkeit in der Tiefe der unternehmensethischen Reflexion bei den befragten Unternehmerpersönlichkeiten wurzelt als personengebundenes Phänomen offenkundig in der individuell sehr verschiedenen Erfahrungs- und Entwicklungsgeschichte dieser Personen. Mit Blick auf die Frage nach einer – wörtlich verstandenen – Unternehmensethik tritt zwangsläufig das Problem der Personenabhängigkeit mit seinen Konsequenzen für die normative und strategische Ausrichtung des gesamten Unternehmens auf den Plan. In arbeitsteilig funktionierenden, ausdifferenzierten Organisationen ab einer bestimmten Größe muss folglich auch die ethische Reflexion neue (auch institutionalisierte) Formen annehmen, die über die persönliche Reflexionsgabe des Unternehmers hinausgehen. Das Konzept eines Ethikmanagementsystems zielt im Kern auf die organisationale Lösung dieses Problems.

5. *Es sind Menschen, die durch ihre Moralvorstellungen die Kultur, die Philosophie und die „ethische Praxis" von Unternehmen prägen.* Das unter 4. Gesagte darf keineswegs so verstanden werden, dass mit Ethikmanagement versucht werden solle, den menschlichen Faktor auszuschalten. Die empirischen Befunde wie der gesunde Menschenverstand zeigen eindringlich, dass Unternehmensethik nicht losgelöst von den Menschen, sondern nur auf der Grundlage menschlichen Denkens und Wertens erfolgen kann. Die konstatierte kultur- und praxisprägende Einflussmacht auf ein Unternehmen gilt grundsätzlich für alle Menschen, die in Unternehmen wirken, sie ist aber auch infolge der unterschiedlichen Rollen und Positionen, die einzelne Menschen im Unternehmen einnehmen, verschieden stark ausgeprägt. Dessen gewahr könnte mit Ethikmanagement folglich bewerkstelligt werden, auf einer möglichst adäquaten Basis die individuellen Werte und Reflexionsprozesse zielorientiert und aufeinander abgestimmt zu einer Organisationsethik zusammen-

zuführen und so für das Unternehmen fruchtbar zu machen. Insofern ist Ethikmanagement notwendigerweise auch Kulturmanagement.

Auslese einiger Standpunkte:

Ohne die in den Gesprächen geäußerten wirtschaftsethischen Vorstellungen bewerten zu wollen, sollen zum Schluss einige dieser Aussagen und Einschätzungen herausgestellt werden, weil sie wichtige Argumente für einen professionellen Umgang mit Moral im Sinne eines Ethikmanagements liefern:[2]

- Das Thema „Ethik und Moral im Unternehmen" muss bedient werden, weil die Mitarbeiter danach verlangen

- Moralisieren ist kontraproduktiv, doch Moral ist oft letztes Entscheidungskriterium

- Wirtschaftsethik ist nichts karitatives

- Gewinnerzielung ist nicht das Ziel, sondern die Bedingung zur Erreichung der eigentlichen Ziele

- Wirtschaften ist nicht nur die Erfüllung der Kundenwünsche, sondern heißt auch Mitgestaltung der Märkte

---

[2] Die Punkte sind wörtliche und sinngemäße Zitate aus den Interviews.

4 Bestandsaufnahme vorhandener Instrumente und Handlungsbereiche von unternehmensethischer Bedeutung

Die empirische Erkundung der in den Unternehmen angewandten Maßnahmen von unternehmensethischer Relevanz erfolgte anhand der Aufgliederung in elementare Handlungsbereiche bzw. Instrumententypen eines Ethikmanagementsystems, wie sie in Kapitel 1.6 bzw. Abbildung 3 vorgestellt wurde. Entsprechend orientiert sich die folgende Darstellung an den fünf Bereichen:

1. *Willens- und Zielerklärungen, Selbstverpflichtungen und Sollbestimmungen*
2. *Verankerung in den Strukturen, Prozessen und der Kultur des Unternehmens*
3. *Spezielle unternehmensethische Maßnahmen*
4. *Externe Kommunikation*
5. *Steuerung und Kontrolle*

Im Sinne der qualitativen Ausrichtung dieser Bestandsaufnahme ist nicht nur von Interesse, *was* in den untersuchten Unternehmen an Maßnahmen, Instrumenten, Programmen, Strategien etc. alles zur Anwendung kommt, sondern auch *wie, unter welchen Bedingungen* und *mit welchen Intentionen* dies jeweils erfolgt.

Bevor nun die vielfältigen bestehenden Maßnahmen im Einzelnen dargestellt werden, sind noch ein paar Hinweise bzgl. der Zielsetzung angebracht, die mit den folgenden Dar- und auch Gegenüberstellungen verfolgt wird. Was mit der – zum Teil vergleichenden – Bestandsaufnahme *nicht* beabsichtigt wird, ist einzelne Maßnahmen oder gar Unternehmen in einem wertenden Sinne über andere zu stellen; es geht also nicht darum, die beste unternehmensethische Praxis (best practice) zu bestimmen. Daher ist es im Übrigen auch weder erforderlich noch zweckdienlich, die Unternehmen jeweils beim Namen zu nennen.

Gleichwohl besteht der Sinn und Zweck dieses umfassenden Instrumentarienüberblicks nicht bloß darin zu zeigen, dass in den Unternehmen bereits vieles existiert und viele verschiedene Dinge praktisch möglich sind. Verharrte die Forschungsperspektive nämlich allein auf der Beobachtung von Maßnahmenvielfalt, dann könnte man leicht der trügerischen Vermutung erliegen, dass jedes Unternehmen eben genau das praktiziere, was am besten zu ihm und seinen spezifischen Aufgaben und Problemen passe. Doch über diese Sichtweise hinausgehend soll mit der Gegenüberstellung verschiedener Maßnahmen und der Beschreibung, wie diese jeweils umgesetzt werden, gerade auch die Problematik aufgeworfen werden, ob bei genauerer Prüfung nicht viele der gefundenen Instrumente und Aktivitäten auch andernorts Sinn machen könnten, und ob die Beschäftigung mit bestimmten Fragen auf bestimmte Weisen den Unternehmen zum Teil auch einfach nicht bekannt ist. Es soll also gezeigt werden, was alles möglich ist und was vielleicht noch möglich sein könnte, aber bisher nicht gesehen und verfolgt wurde.

4.1 Willens- und Zielerklärungen, Selbstverpflichtungen und Sollbestimmungen

Um die normative Dimension des unternehmerischen Handelns auf der Ebene der Gesamtorganisation adressieren zu können, bedarf es eines Hilfsmittels, welches die normativen Aspekte überhaupt erst greifbar und kommunizierbar macht. Will man die grundsätzlichen Fragen der Unternehmensausrichtung – wie die nach dem Sinn, nach den moralischen Grenzen oder nach der langfristigen Orientierung der Unternehmenstätigkeit – ansprechen, so kann sich die Unternehmensführung verschiedener Instrumente bedienen, die darauf abzielen, diese Fragen dingfest zu machen. Unternehmensleitbilder, Grundwertekataloge, Mission Statements, Visionen oder wie sie auch genannt werden, sind solche Versuche, die normativen Grundlagen eines Unternehmens zu definieren.

Bei den untersuchten Unternehmen zeigten sich die unterschiedlichsten Ausprägungen hinsichtlich der Konsequenz und Ausdrücklichkeit, mit der solche Instrumente eingesetzt werden. Anhand des Unternehmensleitbildes als wohl gebräuchlichster Form dieses Instrumententyps lässt sich dieser Befund sehr gut veranschaulichen: Manche Unternehmen besitzen (noch) kein schriftlich fixiertes Leitbild, was auch etwas damit zu tun hat, dass wenige oder nur ein dominierender Grundwert (wie z.B. Regionalität) die normative Ausrichtung des Unternehmens bestimmen, und dessen Umsetzung und Kommunikation noch rein informell bewerkstelligt werden kann. Nichtsdestotrotz waren teils Bemühungen vorhanden oder sind geplant – im Rahmen einer EMAS- oder ISO-Zertifizierung –, die informelle, gelebte Unternehmensphilosophie auch einmal zu verschriftlichen. Tagespolitische Zwänge und die straffe Einbindung in den Geschäftsalltag sind Gründe dafür, dass ein geplantes Leitbild noch nicht verwirklicht wurde, oder dass ein vor über zehn Jahren mit Mitarbeitern entwickeltes Leitbild bis heute nicht überarbeitet wurde und aktuell auch nicht mehr im Unternehmen kommuniziert wird.

Bei Unternehmen, die einmal ein Leitbild aufgestellt und es im Fortlauf überarbeitet und weiterentwickelt haben, lässt sich beobachten, dass sie es in ihrer Unternehmenspolitik auch aktiv einsetzen: Als Verständigung über die gemeinsamen Ansprüche im Unternehmen werden daraus konkrete Ziele und Pläne abgeleitet – bis hin zur operationalisierten Integration in die Ziele- und Managementsysteme des Unternehmens. Die Rolle, die in solchen Fällen einem Leitbild im Unternehmen zugewiesen wird, kann damit beschrieben werden, dass es über allem Unternehmenshandeln zu verorten sei und in alle Überlegungen letztlich einfließen soll. Auch als eine Art unternehmensweite Visitenkarte gegenüber neuen Geschäftspartnern oder bei Firmenpräsentationen kommt das Leitbild von Unternehmen konkret zum Einsatz. Durch die Konfrontation externer Gruppen wie Kunden und Partner mit den Zielen und Visionen des Unternehmens soll auch herausgefunden werden, wie bedeutsam diese Themen für diese Gruppen sind. Als allgemeines PR-Instrument für die Außendarstellung des Unternehmens wird es dann auch über den Internetauftritt kommuniziert, wobei eine ausführlichere Version der internen Kommunikation vorbehalten ist.

Neben dem Instrument des Unternehmensleitbildes sind als weitere Maßnahmen der normativen Ziel- oder Absichtserklärung etwa auch unternehmensweite Richtlinien für verschiedene Themenfelder oder eine schriftliche Fixierung der Markenpositionierung mit Grundsätzen bzw. „kritischen Erfolgsfaktoren" genannt worden. Immer noch dem gleichen Instrumententyp zuzuordnen, aber mit einer ausschließlich internen Stoßrichtung eine Ebene darunter liegend, werden in manchen Unternehmen auch Führungs- und Mitarbeitergrundsätze bzw. -leitlinien eingesetzt. Für einzelne Teilbereiche wie den Einkauf oder den Umgang mit Partnerunternehmen aus dem Bereich Herstellung gibt es ebenfalls (schriftlich) definierte Grundsätze. Häufig werden Grundsätze aber eher informell als (von Führungskräften) gelebte Unternehmensphilosophie befolgt. Ein weiteres, besonders interessantes Instrument, welches an dieser Stelle noch angesprochen werden soll, ist die langfristige Unternehmensplanung eines der befragten Unternehmen. Mit einer solchen ungewöhnlich weit (50 Jahre) in die Zukunft reichenden strategischen Planung, welche alljährlich auf so genannten Strategietagen mit allen Führungskräften besprochen und durch einen Unterschriftsakt beschlossen wird, wird die zukünftige Ausrichtung der Unternehmensaktivitäten in einer außergewöhnlichen Grundsätzlichkeit und Verbindlichkeit festgelegt. Selbstbindungen für strategische Perspektiven inklusive unternehmenspolitischer Visionen und Ideale weisen zwangsläufig in die Zukunft, können demzufolge nicht nach dem Muster der Regeleinhaltung organisiert werden. Für die Gestaltung eines Ethikmanagementsystems wirft dies neue Anforderungen auf, denen in einem größeren Implementationsprojekt unbedingt theoretisch wie praktisch nachgegangen werden müsste.

4.2 Verankerung in den Strukturen, Prozessen und der Kultur des Unternehmens

Der Standardeinwand gegenüber der gerade beschriebenen Verschriftlichung von normativen Vorgaben (wie Unternehmenswerten) besteht zumeist in dem Verweis darauf, dass Gedrucktes tot sei und aus „Hochglanzbroschüren" noch keine gelebten Werte folgten. Weil dieser Einwand seine Berechtigung hat, ist es so bedeutsam, die erfolgsentscheidende Gleichzeitigkeit und Verknüpfung der einzelnen Handlungsbereiche in einem konsistenten Ethikmanagement zu beachten. Formulierten Grundwerten, Absichts- und Zielerklärungen müssen demnach notwendig auch Maßnahmen zu deren organisationaler Verankerung folgen – sowohl in materieller (Prozesse und Strukturen) als auch in kultureller Hinsicht. Als Ergebnis der Bestandsaufnahme haben sich für diesen Handlungsbereich vier empirisch bedeutsame Teilbereiche herauskristallisiert:

- Personalbeschaffung
- Personalentwicklung, Schulung und interne Kommunikation
- Strategie und Organisation
- Kulturprägende Maßnahmen
- Personenabhängigkeit und das Problem der dauerhaften Verankerung[1]

---

[1] Hierbei handelt es sich um einen grundlegenden Problembereich, der mit der für

Personalbeschaffung

Als besonderes Instrument in diesem Teilbereich ist – über herkömmliche Stellenausschreibungen hinaus – die gezielte Zuhilfenahme externer Partner zu nennen. In einem Fall sorgen langjährige Erfahrungswerte aus der Zusammenarbeit mit einer Personalvermittlungsagentur dafür, dass letztere auf der Grundlage der bekannten Firmensituation und -anforderungen eine Vorauswahl der Kandidaten treffen kann. In einem anderen Fall werden zwei verschiedene Verfahren der Personalbeschaffung kombiniert: Für den Bereich der leitenden Positionen im Unternehmen werden Anforderungsprofile erstellt, die an einen professionellen Headhunter weitergegeben werden; für den Bereich der gewerblichen Mitarbeiter wird dagegen eher intuitiv vorgegangen und – vor allem auf der langjährigen Erfahrung des Personalverantwortlichen aufbauend – auch nach persönlichen Erwägungen entschieden.

Interessanter als die bloße Betrachtung der Instrumente ist für die Frage nach einer kulturellen Verankerung der Unternehmensphilosophie vielmehr, wie die benutzten Personalbeschaffungsinstrumente strategisch ausgerichtet sind. Hier ließen sich zwei gänzlich gegensätzliche Positionen mit entsprechenden Praktiken feststellen. Auf der einen Seite wird in Stellenausschreibungen nichts (mehr) über die (ökologische) Ausrichtung des Unternehmens angemerkt, weil davon ausgegangen wird, dass die eigene Firmenkultur (in Sachen Ökologie, Ernährung etc.) zwangsläufig auf jeden neuen Mitarbeiter abfärbe. Infolgedessen wird die personelle Selektion an rein fachlichen Kriterien ausgerichtet, was der früheren Praxis entgegensteht, nach der eher Leute aus der Naturkostszene gesucht wurden. Genau diese Position wird auf der anderen Seite auch heute noch von Unternehmen vertreten, die darauf verweisen, dass sie ein nachträgliches Herstellen einer bestimmten (ökologischen) Gesinnung bei neuen Mitarbeitern gar nicht zu leisten im Stande wären. Somit spielen für die Suche nach neuen Mitarbeitern in diesem Fall neben der fachlichen Qualifikation auch die soziale und ökologische Einstellung der Kandidaten eine gewisse Rolle – allerdings nur bei bestimmten (verantwortlichen) Aufgabenbereichen.

---

diesen Abschnitt ausschlaggebenden Frage zusammenhängt, wie es gelingen kann, von einer unternehmerzentrierten zu einer echten Organisationsethik zu gelangen.

Personalentwicklung, Schulung und interne Kommunikation

Auch in diesem Bereich ist das Bild vielgestaltig. Es fängt an mit solchen Unternehmen, bei denen sämtliche Prozesse rein informell ablaufen und wo keine, mithilfe ausgewählter Maßnahmen gesteuerten Entwicklungsbemühungen betrieben werden. Statt zu institutionalisieren läuft hier die kulturprägende Kommunikation eher zufällig, z.b. beim Mittagessen und in Besprechungen ab. Natürlich gibt es in solchen Unternehmen auch Schulungen und Weiterbildungen, doch der unternehmensübergreifende Vergleich zeigt, dass Ausrichtung, Inhalte und Umfang von Weiterbildungsbemühungen so stark variieren können, dass auch deren unterschiedliche Wirkung auf Momente wie Qualifikation, Identifikation, Motivation, Zufriedenheit etc. offenkundig wird. Eine weitgehende Konzentration auf die Schulung operativer Aspekte, die additiv durch ein grundlagen- oder persönlichkeitsorientiertes Angebot ergänzt werden, zeitigt sicher andere Wirkungen als eine breite Integration zentraler Werte und Inhalte in sämtliche Bildungs- und Kommunikationsmaßnahmen. Wenn die Unternehmensphilosophie selbst sogar dazu führt, dass gerade das Thema Aus- und Weiterbildung einen ganz besonderen Stellenwert im Unternehmen erhält, dann deutet sich an, auf welch qualitativ unterschiedliche Weise mit diesem Handlungsbereich umgegangen werden kann. Im zuletzt angedeuteten Fall führten die herausragende Bedeutung und das spezifische Verständnis des Themas Bildung im Unternehmen sowohl zu einem ungewöhnlich breiten Angebot der Bildungsmöglichkeiten als auch zu einer ganz eigenen Form des persönlichen Lernens, nämlich vornehmlich als Selbstbildung durch die Ermöglichung und Förderung der individuellen Entwicklung.

Selbst bei scheinbar banalen Instrumenten wie Abteilungsbesprechungen kommt es schlicht sehr stark auf das Wie der Umsetzung an – beispielsweise ob verbindlich alle Abteilungsangehörigen „vom Chef bis zur Putzfrau" daran teilzunehmen haben. Hinsichtlich der Effektivität solcher alltäglichen Maßnahmen kommt vor allem die Existenz und die Abstimmung mit anderen, spezifischen Instrumenten zum Tragen. „Gewöhnliche" Mitarbeitergespräche werden im Lichte einer organisationalen Verankerung von Unternehmensnormen dann besonders wirkungsvoll, wenn beispielsweise über Mitarbeitergrundsätze oder Führungsleitlinien gewisse Ansprüche und Verbindlichkeiten (Rechte und Pflichten) in den sozialen Unternehmensbeziehungen festgelegt sind. Gleiches gilt letztlich für alle Instrumente der unternehmensinternen Information: Für die Frage nach dem Einsatz von Mitarbeiterzeitungen, einem Intranet oder ganz kleinen Maßnahmen wie dem Vorführen von Filmen ist das Wozu und das Wie mindestens so triftig wie das Ob. Auch mit ganz unerheblich erscheinenden Dingen wie Photos kann effektiv zur Erreichung solch substantieller Ziele wie der Schaffung von Sinn und Identifikation beigetragen werden, beispielsweise indem durch die – photographische – Darstellung der Lieferantensituation in Ländern der Dritten Welt Verständnis und Empathie angeregt werden.

Strategie und Organisation

Hinsichtlich der Frage, inwieweit und auf welche Weise die Unternehmen es konkret anstellen, ihre normativen Grundsätze und Ziele in die Organisationsstrukturen und die alltäglichen Unternehmensprozesse einzubetten, konnten nur ein paar Anhaltspunkte gefunden werden. Neben den bereits erwähnten Mitarbeitergrundsätzen und dem Bemühen, die Inhalte des Unternehmensleitbildes in sämtliche Entscheidungen einfließen zu lassen, ist ergänzend noch eine umfassende organisatorische Maßnahme bei einem der befragten Unternehmen zu nennen. Als strukturelle Kristallisierung der Unternehmens- bzw. Unternehmerphilosophie, nach der die verantwortungsvolle, eigenständige Betätigung von Individuen einen hohen Wert besitzt, wird im gesamten Unternehmen auf konsequente Weise der Gedanke des Projektmanagements zu verwirklichen versucht. Dieser entschlossene Verzicht auf Organisationsabteilungen bringt in seiner praktischen Konsequenz eigene Arbeitsformen und Prozessgestaltungen mit sich (z.B. öffentliche Sitzungen, strenge Strukturierung der Entscheidungsprozesse), die eine ganz spezifische Arbeitsweise des gesamten Unternehmens ausmachen.

Neben den genannten organisatorischen Maßnahmen sollen mit dem Begriff „Strategie" solche herausgestellt werden, mit deren Hilfe die langfristige und grundsätzliche Ausrichtung des Unternehmens bestimmt, überdacht und schließlich daraus konkrete Handlungskonsequenzen abgeleitet werden sollen. Ähnlich den bereits unter 1. angesprochenen „Strategietagen" bestehen in zwei weiteren Unternehmen Institutionen, deren Hauptziel eine eingehende und umfassende Selbstreflexion des Unternehmens darstellt. In dem einen Unternehmen ist (bisher) einmalig ein Arbeitstag mit sämtlichen Mitarbeitern veranstaltet worden, an dem – über eine gründliche Selbstbeschäftigung – Themen wie Verbraucherwünsche und Produktqualität, aber auch interne Arbeitsbeziehungen und Teamwork abgearbeitet wurden. In dem zweiten Unternehmen findet einmal im Jahr ein dreitägiger „Strategieworkshop" des Leitungsteams statt, auf dem zum einen die Unternehmensziele gesetzt, überprüft und gegebenenfalls korrigiert werden, und zum anderen auch intensiv darüber nachgedacht wird, auf welchem Wege die Ziele zu erreichen sind. Im Ergebnis wird ein Strategiepapier mit Zielformulierungen erstellt, die – auch wenn sie eindeutig illusorisch sind (z. B. „Null Unfälle") – immer wieder aktiv in den Geschäftsalltag eingebracht werden. Beide Fälle sind zwei anschauliche Beispiele dafür, wie eine institutionalisierte Reflexion mit praktischen Folgen aussehen kann, und welche organisationalen Wege bestehen, um von einer Unternehmer- zu einer Unternehmensethik zu gelangen.

Kulturprägende Maßnahmen

Bei den bisherigen Ausführungen ist die unternehmenskulturelle Dimension bereits mehrfach angedeutet worden. Dabei dürfte klar geworden sein, dass es vielfältige mögliche Wege gibt, auf denen Unternehmenskultur beeinflusst wird. Die Wirkung einzelner Faktoren hängt stark davon ab, wie sie im Unternehmen konkret ausgestaltet sind. Am Beispiel eines unternehmensinternen Mittagstischs kann die Unterschiedlichkeit hinsichtlich Bewusstsein und Intentionalität der kulturprägenden Wirkung einer solchen Maßnahme veranschaulicht werden: Während in dem ersten Unternehmen eine gemeinsame tägliche Pause der Mitarbeiter in Form eines selbstorganisierten Mittagstischs mit Produkten aus dem Hause von unten gewachsen ist, wird in einem zweiten Unternehmen ein professioneller Mittagstisch mit Küche, Speiseplan, Hygienemanagement etc. von vier Halbtagskräften komplett organisiert. Im ersten Fall nimmt die Geschäftsführung nicht an den selbstorganisierten Mittagessen der Mitarbeiter teil, begrüßt diese Eigeninitiative aber mit Wohlwollen. Im zweiten Fall wird der professionell organisierte Mittagstisch ausschließlich von dem Drittel der Belegschaft aus den Bereichen Verwaltung, Marketing, Controlling und Vertrieb, nicht aber von den übrigen zwei Dritteln aus dem Bereich Herstellung genutzt. Darüber hinaus wird mit einer ausgewählten Gestaltung des kulinarischen Angebots eine gezielte kulturelle Steuerung betreiben, die sich im Einklang mit der Unternehmensphilosophie bewegt – sämtliche Speisen sind aus ökologischem Anbau, nach den Grundwerten der Vollwerternährung zubereitet sowie rein vegetarisch. Für ihren Wirkungsbereich scheint diese kulturprägende Maßnahme erfolgreich zu sein, weil sie von den beteiligten Mitarbeitern akzeptiert und mittlerweile als etablierte Institution angesehen werde, die sehr zur Arbeitszufriedenheit beiträgt. In einem dritten Unternehmen wird dagegen eine solche Möglichkeit der kulturellen Beeinflussung mit dem Hinweis abgelehnt, dass man so etwas nicht vorgeben könne (ohne sich in seinen Entwicklungsmöglichkeiten selbst einzuschränken) und es sich vielmehr von alleine entwickeln müsse.

Weiterhin kommen verschiedene Einzelmaßnahmen zur Anwendung, die aber weniger aus einem ausgeprägten Bewusstsein über die Möglichkeiten und Grenzen unternehmenskultureller Steuerung entwickelt wurden. Ein Beispiel dafür sind vergünstigte Selbsteinkäufe der Mitarbeiter, die als wichtiger Faktor eine Identifikation mit dem Unternehmen und den Produkten stiften.

Zum Schluss sollen noch zwei Beispiele angeführt werden, welche indessen von einer expliziten und gezielten Unternehmenspolitik zur Förderung einer bestimmten Unternehmenskultur zeugen. In einem Unternehmen ist unter dem Titel „Abenteuer Kultur" ein Programm eingerichtet worden, in dessen Rahmen sich die Lehrlinge des Unternehmens in Theater, Kunst oder auf anderen kulturellen Gebieten betätigen. Ferner wurden im Sinne der anthroposophisch geprägten Unternehmensphilosophie für die Mitarbeiter verschiedene Arbeitskreise angeboten. In einem anderen Unternehmen gibt es mit der so genannten „Öko-Rente" einen unternehmenseigenen Wettbewerb, der die Verbindung von ökologischem, sozialem und ökonomischem Denken und Handeln zu fördern sucht, indem im Rahmen eines großes Festes mit einer Preisverleihung in verschiedenen Bereichen die besonderen Leistungen gewürdigt werden.

Unternehmer- und Unternehmensethik: Personenabhängigkeit und das Problem der dauerhaften Verankerung

Bei fast allen der befragten Unternehmen handelt es sich um unternehmergeführte Firmen, die teils Familien-, teils Gründerunternehmen in einem gewachsenen Stadium sind. Im hiesigen Zusammenhang dürfte sich daher für jedes dieser Unternehmen eine fundamentale Frage stellen: Was bedeuten Wachstum und Generationenwechsel für die langfristige – moralische – Verfassung des Unternehmens in der Zukunft? Auch der prägende Einfluss der Unternehmermoral stößt spätestens dann an seine Grenzen oder steht sogar auf dem Spiel, wenn die Unternehmerpersönlichkeit – aus welchem Grunde auch immer – an Einfluss verliert. Wie die befragten Unternehmer diese Problematik bewerten und was sie diesbezüglich unternommen haben, war ein weiterer Gegenstand der Interviews und soll im Folgenden erörtert werden.

Der wahrscheinlich passivste Umgang mit der genannten Problematik, die moralische (ökologische) Ausrichtung des Unternehmens personenunabhängig zu sichern, spiegelt sich in dem Verweis auf die Sicherheiten durch eine Einbindung in die Branche wider. Nach dieser Sicht gewährleisten die Kontakte mit Produzenten und Kunden, verstärkt durch eine Durchdringung der Firma selbst, bereits eine ausreichende Personenunabhängigkeit der Unternehmensphilosophie. Auch die Ansicht, dass die letztere bereits hinreichend bei den Abteilungsleitern verankert sei, wurde vertreten.

An dem Fall, dass der Unternehmer effektiv aus seiner Geschäftstätigkeit ausscheidet, soll das Thema nun konkreter erläutert werden. Hierbei gilt es die Unterscheidung zwischen dem Problem des Generationswechsels und dem des kurzfristigen Ausfalls des Unternehmers, z.B. infolge einer Erkrankung zu treffen. Auf den zweiten Fall fühlen sich einige Unternehmen insofern vorbereitet, als beispielsweise eine starke Teamorientierung praktiziert wird, deren Funktionieren sich etwa daran zeigt, dass der Unternehmer viel Zeit für Verbandsarbeit aufwendet.

Das Problem des Generationswechsels wird von den einzelnen Unternehmen völlig unterschiedlich gesehen, und entsprechend werden diesbezüglich auch sehr verschiedene Vorkehrungen getroffen. Zum Teil werden die Konsequenzen eines Generationswechsels für die moralische Identität eines Unternehmens sehr gelassen gesehen. So seien Brüche in der Unternehmensentwicklung mit all ihren Konsequenzen für die Ausrichtung des Unternehmens etwas Normales. Es wurde auch geäußert, dass eine Weiterführung des Unternehmens über 15 Jahre beabsichtigt sei und daher noch keine Nachfolgeregelungen geplant seien bzw. diese sich erst noch in der Zukunft ergeben müssten. Von anderen Unternehmen wurde und wird diese Aufgabe mit größerer Ehrfurcht verfolgt: Bereits zehn Jahre vor der geplanten Übergabe an die nächste Generation hat ein Unternehmensgründer begonnen, verschiedene Vorkehrungen einzuleiten, darunter die Implementation zertifizierter Managementsysteme und den jahrelangen Aufbau eines Mittelmanagements, welches mit speziellen Zuständigkeiten und Verantwortlichkeiten vertraut ist und bewusst in einem bestimmten Altersmix zusammengestellt wurde. Doch selbst in diesem vorausschauendem Fall ist es aus verschiedenen unvorhergesehenen Gründen nicht gelungen, die Nachfolge rechtzeitig abzuschließen, so dass der Plan um weitere 5 Jahre verlängert worden ist.

Was sich unter dem diffusen Titel „Unternehmensphilosophie" inhaltlich konkret lohnt, für die Zukunft im Unternehmen erhalten und sicher gestellt zu werden, wird ebenfalls sehr unterschiedlich eingeschätzt. Beispielsweise reiche es gemäß der oben genannten eher zuversichtlichen Einschätzung aus, dass der Grundsatz des ökologischen Wirtschaftens sichergestellt werde, ansonsten bestünden keine genauen Ansprüche in Bezug darauf, wie das Unternehmen weitergeführt werden sollte. Dort, wo also die Meinung vertreten wird, dass neue Führungspersonen zwangsläufig wesentliche Veränderungen im Unternehmen mit sich brächten, dort werden auch die Versuche anderer Unternehmer abgelehnt, auf irgendeine Weise den Status Quo zu konservieren.

Nichtsdestotrotz wird auch in solchen Unternehmen eine intensive Suche nach Nachfolgelösungen betrieben, wobei allerdings darauf verwiesen wird, dass letztere nur aus Menschen bzw. Gruppen von Menschen bestehen könnten, und insofern auch grundlegende Veränderungen akzeptiert werden. Ganz anders wird dies in zwei Unternehmen gesehen, bei denen eine Sicherung der Unternehmensziele – vor allem auch der ethischen und gesellschaftlichen – durch die Gründung einer Stiftung geplant bzw. bereits umgesetzt ist. Die moralische Intention einer solchen Stiftungslösung ist offensichtlich: Über die Stiftung mit ihrem definierten Stiftungszweck werden zum einen infolge ihrer Rolle als Mehrheitsgesellschafter auch die Unternehmensziele mitbestimmt, zum anderen sollen mit den erwirtschafteten Überschüssen Projekte im Sinne des Stiftungszwecks gefördert werden, z.B. zur Öffentlichkeitsarbeit und Aufklärung über bestimmte Themen wie Ernährung oder Ökologie.

Vermutlich wegen seiner existentiellen Bedeutung wird der Nachfolgefrage teils eine so besondere Aufmerksamkeit gewidmet. In einem anderen Unternehmen existiert beispielsweise eine testamentarische Regelung, die auch mit den Führungskräften offen diskutiert und alle fünf

Jahre überarbeitet und fortgeschrieben wird. Darin gibt ein genauer Zeitplan vor, bis wann sich die Kinder des Inhabers für den Antritt der Nachfolge entschieden haben müssen; für den Fall, dass sich keines der Kinder dazu entschließt, die Nachfolge anzutreten, ist ein Managementbeirat vorgesehen, wobei die Erben nur ihren Pflichtteil bekommen. Ein anderer Unternehmer hingegen geht davon aus, dass er den Großteil des Firmenkapitals durch Schenkungen übertragen wird, weil zum einen der Marktpreis des Unternehmens unbezahlbar für Einzelne sei und zum anderen Kapital ohnehin nicht Besitz, sondern Verpflichtung sei.

4.3 Maßnahmen in speziellen unternehmensethikrelevanten Bereichen

So wie sich die Anforderung eines möglichst tiefgreifenden und dauerhaften wirksam Werdens von Unternehmensethik in den ersten beiden Maßnahmenbereichen ausdrückt, so soll dieser dritte Maßnahmenbereich das Kriterium der Breite eines möglichen Ethikmanagements widerspiegeln.[2] Anhand verschiedener Stakeholderbeziehungen und moralisch relevanter Handlungsfelder soll im Folgenden aufgezeigt werden, welche Instrumente und Maßnahmen von den Unternehmen bereits praktiziert werden, auf welche Weise und mit welchen Intentionen dies geschieht.

Die Naturkostunternehmen – sowohl Hersteller als auch Großhändler – zeichnen sich durch eine stark ausgeprägte Produktorientierung aus. Die ökologische Qualität der Produkte steht vor allen weiteren unternehmensethischen Erwägungen und lässt diese zum Teil auch deutlich im Hintergrund verbleiben. Das Vorhandensein verschiedener Maßnahmen und Systeme zur *Qualitätssicherung* kann als Standard, ja als Grunderfordernis für Naturkostunternehmen bezeichnet werden – angefangen bei den Vorgaben und Richtlinien der Anbauverbände über die Kriterien der nationalen (BNN) und internationalen (IFOAM) Branchenverbände bis hin zu den Sicherungsinstrumenten in den Unternehmen selbst (ISO 9001-Zertifizierung, HACCP[3] etc.) Die unternehmerische Verpflichtung gegenüber dem Qualitätsziel äußert sich darüber hinaus in organisatorischen Vorkehrungen wie der Einrichtung eines „Arbeitskreises Qualität"

---

[2] Vgl. die Arbeitsdefinition von Ethikmanagement unter 1.6.
[3] Das aus den USA stammende Hazard Analysis Critical Control Point (HACCP)-Konzept ist ein international anerkanntes lebensmittelspezifisches Präventionssystem.

in einem der Unternehmen. Die konsequente Verfolgung des Unternehmensziels „höchstmögliche Qualität" wird mit diesem Instrument auf organisationaler Ebene dadurch sichergestellt, dass allein die Fachleute des Arbeitskreises – unabhängig vom Geschäftsführer – über die Qualität von Produkten und Produktion (also durchaus auch gegen ihn) entscheiden.

Erweitert man den streng produkt- und produktionsbezogenen Qualitätsbegriff auf übergreifende Fragen der sozialökologischen Qualität des unternehmerischen Wirkens, so tritt unwillkürlich auch das Thema *Innovation und Entwicklung neuer Unternehmensleistungen* auf den Plan. Auch für diesen Bereich konnten einige interessante Aktivitäten ausfindig gemacht werden, die überdies sehr gut veranschaulichen, welche Dimensionen dem Innovationsaspekt anhaften. Die aus der persönlichen (ökologischen) Überzeugung eines Unternehmers eingeführten Instrumente Ökocontrolling und Ökobilanz lieferten in der Folge zahlreiche Anregungen für Prozessverbesserungen (z.B. die Entwicklung eines speziellen energiesparenden Verfahrens) und Produktinnovationen. Zum Zwecke der Förderung von Produkt- und Prozessinnovationen wird in demselben – mittelständischen – Unternehmen gemeinsam mit den Lieferanten ein eigenes Forschungsbudget mit konkreten Forschungsprojekten finanziert. Die innovativen Wirkungen von sozialökologischer Bedeutung reichen auch weit über den Unternehmensradius hinaus: Die wertemotivierte (Ökologie und Regionalität) Langfriststrategie des Unternehmens führte über einen Zeitraum von zehn Jahren zur Mitentwicklung eines vollkommen neuen Beschaffungsmarktes, den es so vorher nicht gegeben hat. Im Ergebnis ist nicht nur eine funktionierende, ökologisch produzierenden Erzeugergemeinschaft und eine gänzlich neue Rohstoffbasis aufgebaut worden; darüber hinaus bewirken aktuell betriebene Produktentwicklungen auch Innovationen im landwirtschaftlichen Bereich, nicht zuletzt auch von kultureller Bedeutung. Auf ähnliche Weise und ebenfalls mit wertegeladenen Konnotationen hilft ein anderes Unternehmen kleinen regionalen Herstellern, die neu auf den Markt treten wollen und in vielerlei Hinsicht noch sehr unprofessionell sind, dabei durch Kooperation den Markteintritt zu ermöglichen. Wie in diesem Unternehmen die Förderung von Regionalität als Herausforderung aktiv betrieben wird, also wie ein Wert (Regionalität) unternehmerisches Handeln entfaltet, welches das sozioökonomische Umfeld deutlich mitprägt – dies zeigt sich an einem weiteren Beispiel. Indem das Unternehmen den Aufbau einer Anbaubasis für ein regionales Produkt, welches bisher aus dem

Ausland bezogen wurde, aktiv unterstützte, hat sich ein regionaler Geschäftspartner entwickeln können, der für seinen Spezialbereich mittlerweile zu den größten Produzenten Deutschlands zählt. Als eine wichtige Lehre zum Thema Unternehmensethik illustrieren diese Beispiele, inwiefern ein Zusammenhang zwischen der moralischen Basis bzw. der normativen Grundverfassung eines Unternehmens und möglichen Innovationsprozessen besteht – eine Verbindung, die häufig als nicht besonders augenscheinlich angesehen wird.

Ein weiterer zentraler Handlungsbereich von unternehmensethischer Bedeutung, in dem interessante Aktivitäten zu finden waren, ist die Ausgestaltung der *Kunden- und Lieferantenbeziehungen*. Als kennzeichnend für Unternehmen des Großhandels zeigte sich eine intensive Betreuung ihrer Kunden, den Läden des Naturkosteinzelhandels, in Form von umfassenden Beratungs-, Schulungs- und Unterstützungsmaßnahmen. Dies reicht teils bis hin zu „sozialpsychologischen Diensten" auf der persönlichen Ebene, etwa wenn der Großhandelspartner als Betreuer oder Ansprechpartner bei Problemen vor Ort gefragt ist. Eher formell, aber nicht weniger vertrauensvoll sind die Kundenbeziehungen eines anderen Handelsunternehmens, welches gegenüber seinen Einzelhandelspartnern eine vollständige Transparenz praktiziert, beispielsweise ist der Umsatz jeder Filiale des Handelspartners einsehbar und umgekehrt genauso. Als weitere Instrumente zur Gestaltung der Kundenbeziehungen kommen bei diesem Beispiel gemeinsame monatliche Arbeitskreise mit den Handelspartnern hinzu, sowie die Konvention, dass Produkteinführungen stets vorher mit den Handelspartnern besprochen werden.

Bei den *Lieferantenbeziehungen* werden höchst unterschiedliche Praktiken betrieben, die jeweils auch mit moralischen Argumenten begründet werden. So bestehen im Falle zweier Herstellerunternehmen große wechselseitige Abhängigkeiten im Verhältnis zu ihren Rohstofflieferanten; auf der einen Seite beliefern letztere teils ausschließlich ein einziges Herstellerunternehmen, auf der anderen Seite beruht der Umsatz des Herstellerunternehmens zu 80 bzw. 100 % auf den Rohstoffen eines einzigen Lieferanten. Diese existentiellen Abhängigkeiten haben über die Jahre zu gewachsenen Vertrauensbeziehungen geführt, was sich mitunter daran äußert, dass die Preisverhandlungen mittlerweile durch gegenseitiges Verständnis geprägt sind und die Geschäftsverhältnisse sich auch nicht nur auf Preise beschränken, sondern von gegenseitigem Interesse erfüllt sind – ein Zustand, der durchaus als Erfolgsfaktor angesehen wird.

Dagegen wird bei einem anderen Unternehmen aus dem Handel gerade darauf geachtet, dass die gegenseitigen Abhängigkeiten nicht zu groß werden. Neben dem – betriebswirtschaftlichen – Argument der Risikoverteilung wird hier auch das – moralische – Argument geltend gemacht, dass eine zu große Abhängigkeit eines Lieferanten von dem Handelsunternehmen in seinem eigenen Interesse zu vermeiden sei, denn denkbare wirtschaftliche Schwierigkeiten seines zu gewichtig gewordenen Hauptkunden könnten letztlich seine wirtschaftliche Eigenständigkeit gefährden. Konkret drückt sich diese Haltung in der Daumenregel aus, dass ein Lieferant nicht mehr als 30 % seines Umsatzes mit dem betreffenden Handelsunternehmen machen sollte.

Ferner werden auch elaborierte Instrumente zur Gestaltung der Lieferantenbeziehungen zum Einsatz gebracht – vornehmlich von Herstellerunternehmen mit Lieferanten aus Ländern der Dritten Welt. Solche Lieferantenbewertungssysteme erhalten eine besondere unternehmensethische Relevanz, weil sie auch die soziale Qualität der Lieferantenleistungen berücksichtigen. Hinsichtlich der operativen Umsetzung zeigen die bestehenden Erfahrungen, dass ein solches Instrument erst durch einen längeren Experimentierprozess Gestalt annimmt.[4] Insbesondere hat dabei auch die Zuhilfenahme bzw. die Verwendung bestehender Spezialinstrumente und Konzepte eine wichtige praktische Bedeutung[5], weil dadurch der Umgang mit den zwangsläufig entstehenden Operationalisierungsproblemen erleichtert werden kann.

---

[4] In dem betreffenden Unternehmen ist die Informationsgewinnung etwa zunächst auf Vertrauensbasis nach Selbstauskunft mit Fragebögen erfolgt, wird mittlerweile aber auch in Form eigener Audits durchgeführt. Zuerst haben zwei parallele Systeme – reine Auditfragen und ergänzende Fragen aus dem Lieferantenbewertungssystem – bestanden, die in Zukunft in einem System integriert werden sollen, wobei Pflicht- und Ergänzungsfragen unterschieden werden sollen. Durch Experimentieren mit verschiedenen Bewertungsmethoden hat das Lieferantenbewertungsinstrument mittlerweile eine differenzierte Gestalt angenommen (Unterteilung in Bereiche, Gewichtungen, Mindestanforderungen etc.), es versucht insbesondere auch die Nachhaltigkeit der Lieferantenaktivitäten wertend zu berücksichtigen. Das Instrument dient der Setzung eines Benchmarks, der mittels Transparentmachung der Bemühungen und Fortschritte bei den Lieferanten letztlich die Kunden über das bevorzugte Niveau eben dieser Bemühungen und Fortschritte entscheiden lassen soll. Das Instrument wird permanent weiterentwickelt und verfeinert.

[5] In demselben Unternehmen wird beispielsweise die Anwendung des Nature & More – Konzepts in Erwägung gezogen, vgl. www.natureandmore.com

Gleiches gilt natürlich – mindestens seit den neunziger Jahren – für den mittlerweile klassischen Bereich des betrieblichen Umweltschutzes. Mit Umweltbilanzen, Ökocontrolling und zertifizierten Umweltmanagementsystemen stehen den Unternehmen seit Jahren operative Instrumente zur Verfügung, mit deren Hilfe ökologische Unternehmensziele effektiver und effizienter verfolgt werden sollen. Bei einer „ökologischen Branche" ist davon auszugehen, dass gerade in diesem Bereich viele Aktivitäten bestehen. Dies bestätigt der empirische Befund auch, doch der hochgradig unterschiedliche Umgang mit den Fragen einer ökologischen Unternehmenspolitik legt eindringlich offen, wie bedeutsam die normativen und strategischen Grundlegungen einer praktizierten betrieblichen Umweltpolitik sind. Veranschaulichen lässt sich dies an dem Beispiel des Bezuges von regenerativ erzeugtem Strom: In einigen der Unternehmen wird als Ausdruck der ökologischen Ausrichtung ihrer Geschäftstätigkeit von entsprechenden Anbietern Ökostrom bezogen. Doch bei manchen erschöpft sich damit das Engagement zur Förderung regenerativer Stromerzeugung – ein Grund dafür ist beispielsweise, dass ökologisches Engagement zwar als „selbstverständlich" – gewissermaßen als passive Pflicht – für ein ökologisches Unternehmen angesehen wird, aber weniger als strategisches Element der Unternehmensausrichtung. Die Unternehmen, bei denen indes dieses strategische Element besonders deutlich zum Ausdruck kommt, verbinden ihren Bedarf an elektrischem Strom mit den ökologischen Unternehmenszielen auf eine Weise, die über den reinen Strombezug hinausgeht. In einem Fall hat das Interesse an der genauen Quelle der Stromerzeugung zu einer ungewöhnlichen Partnerschaft eines Unternehmens mit lokalen Windenergieerzeugern geführt. Über die Verwendung der Mehrerlöse, die den Windenergieerzeugern durch den Wechsel zu dem neuen Kunden entstanden sind, hat das Unternehmen eine Mitbestimmung ausgehandelt, die auf die Förderung und Weiterentwicklung regenerativer Energien in der Region abzielt. In einem anderen Unternehmen brachte das frühzeitig in Handeln umgesetzte Interesse an erneuerbaren Energiequellen die Installation einer (mittlerweile amortisierten!) Solaranlage mit sich. Dasselbe Unternehmen verbindet heute die originäre Geschäftstätigkeit – Verarbeitung von Getreiden – mit der Eigenproduktion ökologischen Treibstoffs, der für die Mobilität des eigenen Fuhrparks genutzt wird. Diese Beispiele machen eine wichtige Zieldimension von praktizierter Unternehmensethik erkennbar: das Zustandebringen eines Engagements, welches Geschäftstätigkeit und unternehmerisches Denken auf der einen Seite und gesellschaftliche Ziele auf der anderen Seite systematisch zu verknüpfen versucht.

Die gesellschaftliche Verantwortung der Unternehmen und das damit verbundene unternehmerische Engagement ist aktuell ein immer breiter diskutiertes Thema, welches mittlerweile auch verstärkt den Mittelstand anspricht. Für manche der befragten Unternehmen liegt die *Wahrnehmung der gesellschaftlichen Unternehmensverantwortung* ausschließlich bzw. vorwiegend im Geschäft der ökologischen Lebensmittelwirtschaft selbst und den damit verbundenen Aktivitäten. Beispielsweise wird hinsichtlich des gemeinnützigen Unternehmensengagements der Beitrag zur Überlebenssicherung der Biolandwirte durch eine dauerhaft angelegte Lieferantenentwicklung in den Vordergrund gestellt. Dennoch betreiben auch diese Unternehmen an vielen Stellen und in vielen Formen ein über die Geschäftstätigkeit hinaus gehendes gesellschaftliches Engagement. Verbreitete Aktivitäten, die von allen Unternehmen betrieben werden, sind finanzielle Unterstützungen, Sachspenden und Sponsoring in verschiedenen Bereichen wie Naturschutz, Soziales, Kultur, Jugend und Schule. Häufig erfolgen solche Hilfen situativ auf Anfrage und nach Geschäftslage; manche dieser Spenden- und Unterstützungsaktivitäten sind auch regelmäßig wiederkehrend und werden als „automatisch nebenher laufend" bezeichnet. Solche Maßnahmen sind jedoch weder in die Unternehmensprozesse eingebaut noch in irgendeiner Form systematisiert, sie ergeben sich vielmehr indirekt – beispielsweise aus den Unternehmensleitlinien. Über eine weitere Form des gesellschaftlichen Engagements von Unternehmen: über Stiftungen – wie sie teils realisiert, teils geplant sind – wurde bereits weiter oben berichtet.[6] Größere Projekte mit bestimmten gemeinnützigen Zielen werden zumeist in Zusammenarbeit mit anderen Unternehmen und Partnern durchgeführt. Zum Beispiel werden in einem seit drei Jahren bestehenden Gemeinschaftsprojekt aus Naturkostunternehmen, einem Logistiker und einer Bank jedes Jahr zur Einschulung gesunde Frühstücksboxen an die Erstklässer der Stadt verteilt. Ein anderes, ganz aktuelles Pionierprojekt verfolgt als breite unternehmerische Initiative das Ziel, zur nachhaltigen Integration von geistig behinderten Menschen in den ersten Arbeitsmarkt beizutragen. Weitere Beispiele für die unterschiedlichen Facetten der gesellschaftlichen Verant-

---

[6] Vgl. im Abschnitt „Personenabhängigkeit und das Problem der dauerhaften Verankerung" unter 4.2

wortungsübernahme durch Unternehmen sind die Stiftung einer Schule in einem Lieferantenland als Modellprojekt und die Einrichtung eines neuartigen wirtschaftswissenschaftlichen Praxisstudiums mit besonderen Lernformen und -inhalten. Alle diese Initiativen, die Unternehmen mit Partnern aus der Gesellschaft zu gemeinnützigen Zwecken vorantreiben, werden derzeit unter dem Schlagwort *Corporate Citizenship* (bürgerschaftliches Engagement der Unternehmen)[7] diskutiert. Dazu zählen etwa auch die aktive Beteiligung einiger Unternehmen in lokalen Agenda 21-Prozessen oder – im weiteren Sinne – die *Vernetzung und* der *Austausch mit anderen Unternehmen* über gesellschaftliche Probleme. Beispiele hierfür sind die Mitgliedschaft im Bundesdeutschen Arbeitskreis für Umweltbewusstes Management (B.A.U.M.) e.V., die Teilnahme an einem internationalen Unternehmerkreis im Zusammenhang mit der Sekem-Initiative[8], oder auch die Mitgründung der Assoziation ökologischer Lebensmittelhersteller (AÖL)[9]. Darüber hinaus sind einige Unternehmen an der Entwicklung regionaler Unternehmensnetzwerke beteiligt, darunter ein Forum zum Austausch zwischen Naturkost- und konventionellen Handelsunternehmen, ein regionaler Wirtschaftsverbund ökologischer Produktionsbetriebe zum Zwecke der Transparenz und des Austauschs sowie ein ökologisches Verbundmarketing verschiedener Naturkostgroßhändler. Die zuletzt genannten Aktivitäten sind gleichzeitig schon erste Beispiele für den nächsten großen Handlungsbereich, der in unternehmensethischer Sicht von grundlegender Bedeutung ist: die externe Kommunikation der Unternehmen.

4.4 Externe Kommunikation

In diesem Abschnitt werden die im Bereich der Kommunikation zum Einsatz gebrachten Instrumente sowie ihre Formen der Anwendung dargestellt. Dabei soll das Augenmerk auf die Entstehungshintergründe und

---

[7] Vgl. auch Kapitel 7 (a).
[8] Sekem ist ein von dem ägyptischen Unternehmer Ibrahim Abouleish ins Leben gerufenes Projekt zur Verbindung des biologisch-dynamischen Landbaus mit Aspekten der sozialen und kulturellen Entwicklung, welches 2003 den alternativen Nobelpreis erhielt. Vgl. www.sekem.com
[9] Die AÖL ist ein Zusammenschluss von Verarbeitungsunternehmen der Lebensmittelwirtschaft, die ökologische Lebensmittel herstellen. Vgl. www.aoel.org

die (aktuellen) Strategien, Intentionen und Zielgruppen der Kommunikationsbestrebungen gerichtet werden. Auch die Einschätzung der eigenen Unternehmenssituation (etwa selbst konstatierte Defizite) und der Umfeldkonstellation (z.B. die Bewertung von Wettbewerber- und Verbraucherverhalten) finden dabei eine besondere Berücksichtigung. Ausgehend von den Maßnahmen des Produktmarketings und der Kundenkommunikation wird der Fokus dann auf übergreifende Aspekte der Unternehmens-PR und Gesellschaftskommunikation erweitert, wobei jeweils die moralisch-gesellschaftliche Dimension im Vordergrund stehen soll.

Vor einem unternehmensethischen Hintergrund konkretisiert sich die grundlegende Frage nach den Formen und Wegen der Unternehmenskommunikation dergestalt, dass nach der Bedeutung von (moralischen) Werten für die kommunikativen Aktivitäten des Unternehmens zu fragen ist. Für die Kommunikationspraxis stellen sich dann insbesondere die Fragen, welche moralisch bedeutsamen Inhalte überhaupt thematisiert werden sollten, in welcher Ausdrücklichkeit dies geschehen sollte, und welche Kommunikationsinstrumente für die jeweiligen unternehmerischen Intentionen angemessen sind.

Einige der untersuchten Unternehmen haben ausdrücklich ökologisch und regional ausgerichtete Marketingkonzepte entwickelt und streben damit nach einer besseren Profilierung gegenüber den Wettbewerbern. Durch begleitende Projekte – wie die Durchführung von Kundenbesuchen bei regionalen Produzenten – soll die kommunizierte Regionalität zudem erfahrbar werden. Von solchen Unternehmen wird die Bedeutung der persönlichen Bindungen zu den Kunden besonders betont und gewürdigt. Als zusätzliches Mittel, um dieses Ziel der Nähe und Fassbarkeit zu erreichen, wird von einem Unternehmen auch der Betrieb selbst als Ort der Kommunikation herausgestellt; über Betriebsführungen („gläserner Betrieb"), Tagungen, Feste und Veranstaltungen mit Diskussionen vor Ort wird zudem nicht nur Kundenkommunikation betrieben, sondern auch der Austausch mit dem regionalen gesellschaftlichen Umfeld organisiert.

Mit den größenmäßigen und regionalen Besonderheiten eines Unternehmens lässt sich gewiss die Vorliebe für Direktheit und Persönlichkeit bzw. die Skepsis gegenüber einer verschriftlichten, formalen Kommunikation erklären. Größere oder überregional ausgerichtete Unternehmen setzen eher auch verschriftlichte Kommunikationsinstrumente wie Kundenzeitschriften ein, um die eigenen Ideen zu transportieren. In einem der

Unternehmen mit Kundenzeitung wird auf offensive Marketingmethoden wie klassische Produktwerbung vollkommen verzichtet; auch wenn in der Kundenzeitung die Produkte im Vordergrund stehen, wird dort indirekt auch über die Unternehmensphilosophie kommuniziert. Hinzu kommt die extensive Bearbeitung der Kundenrückmeldungen, für die im Unternehmen mittlerweile zweieinhalb Mitarbeiter zuständig sind.

Vor dem Hintergrund dieser Formen des Marketings bzw. der Kundenkommunikation ist es auch interessant zu sehen, wie die Rolle der Verbraucher eingeschätzt wird. Teils wird nämlich davon ausgegangen, dass gerade die Naturkostkunden für klassische Werbung schlicht unempfänglich sind, weswegen in Sachen Kommunikation eher an einem Aufbau von Vertrauen, Image und Reputation gearbeitet werden müsse.

Von einem anderen Unternehmer wird hinsichtlich des Verbraucherbildes auf den derzeitigen Trend verwiesen hin zu mehr Genuss, Gesundheit, Regionalität, Individualität, Markenbewusstsein und Wissen über die Produkte, weswegen die Verbindung mit Marken, „die wirklich etwas aussagen", größer werde. Daraus ergebe sich für einen ökologischen Hersteller der Vorteil, auf einfache Weise – nämlich schlicht durch Transparenz – ehrliche und gleichzeitig ansprechende Aussagen anbieten zu können. Diese mehrfach geäußerte Bedeutung von Transparenz in Verbindung mit Authentizität sei noch einmal anhand eines Zitates veranschaulicht: „Der persönliche Lifestyle entwickelt sich und da passt das Ökologische sehr gut zu, weil wir viel zu sagen haben, viel mehr zu sagen haben. Wir brauchen keine abstrakten, daher gelogenen Werbe-Lebenswelten den Leuten vorzugaukeln, sondern wir brauchen nur die Wahrheit sagen."

In diesem Zusammenhang wurde mehrfach ein Kommunikationsdefizit eingeräumt und zum Ausdruck gebracht, dass weitere Maßnahmen der Kundenkommunikation notwendig seien und die eigenen Leistungen noch viel stärker nach außen getragen werden müssten. Hier stellt sich freilich die Frage, *was* konkret zum Kommunikationsgegenstand gemacht werden soll: Welche Aspekte des unternehmerischen Handelns mit gesellschaftlicher Relevanz bzw. von moralischer Bedeutung sollen transparent gemacht werden und welche nicht? Als Antwort auf diese Frage ergaben sich gänzlich unterschiedliche Ansichten und entsprechend verschiedenartige Kommunikationsstrategien.

Nach der Einschätzung einiger Unternehmer darf die Transparenz bzw. die aktive Kommunikation der (moralisch geprägten) Unternehmensaktivitäten nicht das produktbezogene Engagement überschreiten. Soziale Projekte werden nicht kommuniziert und schon gar nicht „gewerblich genutzt", weil sie nichts mit der eigentlichen Unternehmensaufgabe zu tun hätten, sondern als freiwillig unternommene – sofern überhaupt möglich – Zusatzleistungen zu verstehen seien. Also auch wenn die eigene externe Kommunikation als viel zu gering eingestuft wird – einschließlich mancher Bereiche des gesellschaftlichen Engagements -, wird gemäß dieser Haltung betont, dass die fehlende Kommunikation zum Teil ausdrücklich gewollt sei. („Tue Gutes und rede nicht darüber!")

Von externer Seite sieht sich eine solche Position jedoch inzwischen unter Druck und Zugzwang gesetzt: Wenn Wettbewerber vergleichbare oder gar identische Projekte betreiben, damit aber offensiv nach außen gehen, indem sie ihr Engagement als beispielhaft vermarkten, dann entsteht hier zunächst eine gewisse Empörung. Dieses Gefühl steigert sich dort zu Erbitterung, wo hinter der offensiven Kommunikation der Wettbewerber (hinter deren „Hochglanzformat") möglicherweise nicht einmal die volle Wahrheit steckt. Aus der Bedrängnis durch die offensiveren Kommunikationspraktiken von anderen Unternehmen – selbst solchen, die als unvergleichbar angesehen werden[10] – wird mittlerweile ein Handlungsbedarf abgeleitet, auch bisher als selbstverständlich angesehene Dinge stärker zu kommunizieren. Als Ausdruck des defensiven Charakters dieser Kommunikationsstrategie wird der Handlungsbedarf „rein aus wettbewerbstechnischen Gründen" abgeleitet bzw. mit den Erfordernissen „einer modernen Markenführung" begründet.

Für die Unternehmenskommunikation haben sich daraus zum Teil schon praktische Folgen ergeben. Weil es heute, wo neue Käuferschichten hinzukommen, nicht mehr als selbstverständlich angenommen werden könne, dass die ökologische Ausrichtung des Unternehmens bekannt sei, könne man es sich beispielsweise nicht mehr erlauben, das Biozeichen klein im Hintergrund stehen zu lassen. Das ökologische Engagement deutlicher kenntlich zu machen ist aber nur eine praktische Veränderung. Eine andere besteht darin, dass die traditionelle Kommunikation über moralische (v. a. ökologische) Aspekte des Unternehmens nicht

---

[10] Zitat aus einem Interview: „Wenn McDonalds solche dicken Broschüren herausgibt, wie ökologisch sie sind und was für einen Umweltschutz sie betreiben, dann […] muss man langsam auch den Weg gehen, dass man diese Sachen […] kommuniziert, weil sonst verschiebt sich die Realität."

mehr allein auf der Produktebene abläuft, sondern nun die bisher abgelehnte Kommunikation über das Unternehmen und seine weitergehenden Aktivitäten zusätzlich betrieben wird. Konkret wird dies in dem betreffenden Unternehmen dadurch, dass damit begonnen wurde, professionell PR zu betreiben: eine Agentur hat den Auftrag, die zugeführten Unternehmensinformationen gezielt in der Presse zu verteilen. Die produktbezogene Kommunikation und die Kommunikation über weitergehendes Unternehmensengagement werden dabei als strikt getrennt gesehen.

Stellt man diesen Befunden nun den Fall solcher Unternehmen gegenüber, die – aus anderen Motiven und mit anderen Strategien – zu einer umfassenden Unternehmenskommunikation gelangt sind, dann zeigt sich auch auf der Instrumentenebene ein etwas anderes Bild. Eines der Unternehmen mit einer besonders aktiven und offenen Kommunikation über sämtliche seiner sozialen, ökologischen und kulturellen Aktivitäten nennt die Veröffentlichungspflicht der erstmalig vor 15 Jahren erstellten Ökobilanz als den ursprünglichen Entstehungsgrund dieser Bemühungen. Trotz großer Bedenken aus dem Unternehmen ist dieses Projekt damals vom Inhaber durchgesetzt worden; es folgte schließlich die wiederholte Veröffentlichung von (mehrfach ausgezeichneten) Umweltberichten bis hin zur Erstellung eines umfassenden Nachhaltigkeitsberichts. Dabei hat sich eine Kommunikationsstrategie herausgeschält, bei der das Bestreben, als Vorbild zu wirken und Nachahmung anzuregen, das zentrale Motiv für die ausführliche und offene Darstellung des eigenen sozialen und kulturellen Unternehmensengagements darstellt.

Ein anderes Unternehmen mit einer ähnlich umfassenden und transparenten Darstellung seiner Nachhaltigkeitsaktivitäten bezeichnet seine Kommunikationsstrategie selbst als „vorsichtig offensiv". Damit soll zum Ausdruck kommen, dass es gerade wegen des aktiven Bemühens um Transparenz und Information darauf ankomme, besonders differenziert (statt „plakativ") vorzugehen, um nicht den Eindruck zu erwecken, schon perfekt zu sein. Vielmehr geht es darum, den Prozess darzustellen, also die Ziele, die Ergebnisse und die Fortschritte nachvollziehbar aufzuzeigen. Auch an anderer Stelle wurde Skepsis gegenüber einer moralisierenden Kommunikationsstrategie geäußert, und eine Kommunikation über die erzielten Ergebnisse bevorzugt. Dies schließt eine offene und transparente Kommunikation über die eigenen Schwachstellen ein – und nicht nur in den Umweltberichten. Auch die aktive Einbeziehung von Anspruchsgruppen in die Problemlösung kann ein Element dieser Kommunikationsstrategie sein – wie sich an dem Beispiel eines Unternehmens zeigt, welches die Nachbarn als Betroffene einer auf dem Betrieb installierten Mobilfunkantenne in die Lösung des Konflikts persönlich einbezogen hatte.

Im Gegensatz zu den weiter oben erwähnten Unternehmen, die eine Kommunikation über ihr gesellschaftliches Engagement ablehnen, weil es jenseits der Geschäftstätigkeit liege bzw. damit nichts zu tun habe, stellt ein anderes Unternehmen hier sogar ein verbindendes Moment heraus, welches gerade als Argument für eine Kommunikation dieser Aktivitäten dienen kann: Es sei geboten, über unternehmensethische Aktivitäten mit der Unternehmensumwelt, insbesondere den Kunden zu kommunizieren, weil diese sie letztlich auch bezahlten. Hierbei kommt nicht nur der (moralische) Aspekt zum Tragen, dass der Kunde erkennen können müsse, wofür sein Geld verwendet wird[11], sondern es kommt auch der (ökonomische) Gesichtspunkt hinzu, dass die Kunden wegen sich angleichender Produkte und Qualitäten gerade nach – ideellen u. a. – Zusatznutzen suchen. Für die Unternehmensstrategie ergibt sich daraus die Möglichkeit der Differenzierung über solche zusätzlichen „Benefits" für die Kunden. Denn am Preis könne der Kunde die hochgradig divergierenden Leistungen der Unternehmen in solchen Bereichen nicht erkennen. Deshalb müsse auch „über das Unternehmen in dieser Gesellschaft" kommuniziert werden.

Pionierunternehmen mit einem herausragenden gesellschaftlichen und ökologischen Engagement haben ihre vielfältigen Auszeichnungen natürlich auch ihrer besonderen Kommunikationspolitik zu verdanken. Doch genau an dieser Stelle zeigt sich auch die Kehrseite dieser Strategie: So erfreulich und motivierend die Anerkennung der vollbrachten Leistungen durch verschiedenste Preise und Auszeichnungen ist, so sehr kann der damit verbundene (zeitliche und personelle) Aufwand auch das Tagesgeschäft beeinträchtigen. Es gibt daher auch Unternehmen, die genau aus diesem Grund ein offensives Hervorheben der eigenen Leistungen ablehnen. Dieses Problem sollte jedoch nicht als grundsätzliche

---

[11] Zitat: „Der Kunde muss es zahlen, also hat er einen Anspruch darauf, das auch zu erfahren, und wir auch die Pflicht, ihm das mitzuteilen." Und wenn die Beschäftigung mit dem Thema so systematisch und mit dem entsprechend verbundenen Aufwand erfolge wie in diesem Fall, dann bestehe für das Unternehmen erst recht eine Verpflichtung, den Kunden darüber zu berichten.

Grenze einer offenen Kommunikationspolitik angesehen werden. Denn auch der Umgang mit einer Flut von journalistischen, wissenschaftlichen und sonstigen Anfragen kann entsprechend gemanaged werden. Ein weiterer negativer Aspekt, der in diesem Zusammenhang genannt wurde, besteht darin, dass eine Vielzahl gewonnener – öffentlich kommunizierter – Wettbewerbe und Preise auch Neid produzieren kann. Als praktische Konsequenz verzichtet daher ein jüngst mit einem Preis bedachtes Unternehmen darauf, dies in der lokalen Presse zu kommunizieren. Ein eher grundsätzliches Problem der offenen und offensiven Kommunikation über die Bemühungen im unternehmensethischen oder Nachhaltigkeitsbereich wird von einem betreffenden Unternehmen in der sich damit ergebenden Angreifbarkeit gesehen. Weil es unmöglich sei, perfekte Ergebnisse vorzuzeigen, weil man nie ein fertiges Modell vorlegen könne, sondern sich immer „nur" auf dem Weg befinde, werde man zwangsläufig auch zur Zielscheibe der Kritik. Diese Bedenken und Probleme, die von den Unternehmen mit einer besonders proaktiven Kommunikationsstrategie geäußert wurden, scheinen diese allerdings nur sehr begrenzt daran zu hindern, ihre Strategie fortzusetzen. Doch auch diese Unternehmen müssen letztlich immer irgendwo einen Strich ziehen und sich klarmachen, dass aus bestimmten Gründen das in Frage stehende Thema (noch) kein Gegenstand der Unternehmenskommunikation zu sein braucht. Oder wie einer der befragten Unternehmer sagte: „Man muss auch nicht über alles reden."

4.5 Steuerung und Kontrolle

Hinter diesem fünften und letzten Handlungsbereich verbirgt sich der Teil eines Ethikmanagementsystems, der sich unmittelbar mit den Begriffsbestandteilen „Management" und „System" andeutet. Es geht hierbei um die möglichst konsistenten Formen und Wege einer operativen Umsetzung und Sicherstellung all dessen, was in den ersten vier Punkten thematisiert wurde. Theoretisch erscheinen mindestens folgende Punkte notwendige Bestandteile bzw. Aufgaben eines funktionierenden Steuerungskonzepts zu sein:

- die Abstimmung zwischen und innerhalb der vier Handlungsbereiche mit ihren jeweiligen Spezialinstrumenten,

- die Verfahrenssicherung und die Herstellung von Verbindlichkeit,
- die Ergebniskontrolle und die Feststellung des Zielerreichungsgrades,
- der institutionelle Orientierungsrahmen, das Rahmenmodell,
- die Abstimmung mit supraorganisationalen Verflechtungen und Einbindungen.

Wie bereits betont ist mit dem zugrunde gelegten Rahmenmodell die konkrete konzeptionelle Ausgestaltung eines denkbaren Ethikmanagementsystems bewusst offen gelassen worden. Dies macht sich in besonderem Maße für den Bereich einer stimmigen Gesamtsteuerung, wie er soeben angedeutet wurde, bemerkbar, weil der Untersuchungsgegenstand Ethikmanagement als konsistentes *Managementsystem* schlicht empirisch nicht vorliegt. Somit kann eine mögliche kohärente Gesamtsteuerung mit wirksamen Kontrollmechanismen in diesem Forschungsstadium noch nicht thematisiert werden, sie wird erst für die konkrete Konzeptentwicklungsphase eines Implementationsprojektes relevant.

Nichtsdestotrotz können die konzeptionellen Anknüpfungspunkte aufgezeigt werden, welche bei einer operativen Konkretisierung dann von Bedeutung sein werden. In den Unternehmen bestehen zum Teil umfassende Managementinstrumente und -systeme, welche übergeordnete und spezifische Kontroll- und Steuerungsaufgaben übernehmen. Mit einem integrierten Managementsystem (wo Umweltmanagement, Qualitätsmanagement und Hygienemanagement zusammengefasst sind), einem EFQM-Programm und einer Balanced Score Card existieren in einigen Unternehmen solche übergreifenden Konzepte, welche im Sinne eines Ethikmanagementsystems benutzt, modifiziert und erweitert werden könnten.

Das Zustandekommen bzw. der Anwendungshintergrund solcher Modelle wird etwa folgendermaßen beschrieben: Das Planungssystem, welches mit der Einführung einer Balanced Score Card in einem der Unternehmen aufgebaut wurde, setze die Tätigkeiten jedes einzelnen Mitarbeiters in eine Beziehung zum Gesamtunternehmen und zu dessen Leitlinien. Der Einsatz und die Zusammenführung von Managementsystemen in einem anderen Unternehmen sei letztlich Ausdruck der personenunabhängigen Prozess- und Qualitätssicherung ganz in dem Sinne wie es das hiesige Konzept des Ethikmanagements für den Bereich der normativ-moralischen Unternehmensdimension postuliert.

Ein weiterer Bereich von empirischer Bedeutung sind die supraorganisationalen Einbindungen der Naturkostunternehmen, insbesondere in die Branchenverbände auf nationaler (BNN, BÖLW[12]) und internationaler (IFOAM[13]) Ebene. Die Ausgestaltung von Verfahrens- und Produktionsstandards sowie deren Charakter werden im internationalen Vergleich in der Teilstudie des ZfW behandelt.[14] Neben den Kriterienkatalogen und sonstigen Normen ist das Gemüsemonitoring durch den BNN ein spezielles Beispiel für ein supraorganisationales Steuerungselement, welches sich in diesem Falle allerdings allein auf Produkt- bzw. Produktionsaspekte bezieht.

Die Frage nach einer externen Kontrolle mit expliziten Audits und Zertifizierungen für die unternehmensethische Verfahrenssicherung (wie sie etwa Bestandteil des WMS^{ZfW} sein kann) wurde bewusst ausgeklammert, weil ein solcher Schritt in einer Machbarkeitsstudie zwar mitgedacht werden muss, aber wegen seiner Verbindlichkeit sehr sensibel behandelt werden muss. Der Verdacht, dass ein befürchteter „Ethik-Stempel" der Aufgeschlossenheit gegenüber dem Thema Unternehmensethik eher abträglich ist[15], hat sich ansatzweise in den Gesprächen bestätigt, bzw. umgekehrt ausgedrückt: Das Hintenanstellen dieses Themas hat zu dem äußerst unbefangenen und offenen Austausch zum Thema Unternehmensethik beigetragen, wie er in den Gesprächen dann tatsächlich stattgefunden hat. Eine Aufgeschlossenheit und eine Bereitschaft zur praktischen Umsetzung von Ethikmanagement vorausgesetzt wird die Frage nach einer – auch – externen Kontrolle allerdings zukünftig gewiss ein wichtiges Thema sein.

---

[12] Bund Ökologische Lebensmittelwirtschaft (www.boelw.de)
[13] International Federation of Organic Agriculture Movements (www.ifoam.org)
[14] Vgl. Teil B
[15] Immerhin: Einer der befragten Unternehmer äußerte zwar in Bezug auf die Frage nach Unternehmensethik als einem Managementsystem die spontane Befürchtung, dass es womöglich am Ende auch hierfür einen „Stempel" geben würde, fuhr dann allerdings fort, dass es in der Praxis auch nicht ohne eine Zertifizierung gehen könne.

4.6 Fazit/Befund

Indem sich die vorangegangenen Darstellungen an einem bewusst allgemein gehaltenen Instrumentenrahmen des Ethikmanagements orientierten, konnte ein angemessen umfassendes empirisches Bild gezeichnet werden. Im Ergebnis zeigt sich in diesem Bild eine große Mannigfaltigkeit der praktischen Herangehensweisen an die fünf unterschiedenen Handlungsbereiche von unternehmensethischer Bedeutung. Mithilfe der differenzierten Bestandsaufnahme dieses Kapitels gelang es aber nicht nur in einer adäquaten Breite zu erfassen, welche Handlungs- und Maßnahmenbereiche überhaupt existieren; sondern es bestätigte sich gleichzeitig auch die empirische Relevanz des zugrunde gelegten (rein konzeptionell hergeleiteten) Ethikmanagement-Rahmenmodells mit seinen fünf definierten Handlungsbereichen.

Als wichtige praktische Implikation kann die vergleichende Gesamtschau sehr schön klar machen, wo die brachliegenden Potentiale und die unbearbeiteten Praxisfelder liegen; auf der Grundlage der Ergebnisse wird es für einzelne Unternehmen (und auch die Branche) möglich, individuelle Handlungsbedarfe und -potentiale abzuleiten (immer vorausgesetzt man möchte überhaupt mit Erfolg das Ziel verfolgen, die moralische und gesellschaftliche Dimension des Unternehmens in angemessener Breite und Tiefe zu managen). Aber es wäre voreilig bis falsch, bereits aus dem Befund, dass in keinem Unternehmen *alle* unternehmensethisch bedeutsamen Bereiche abgedeckt werden, auf ein Handlungsdefizit zu schließen. Nicht die schiere Addition all dessen, was in den untersuchten Unternehmen zur Anwendung gebracht wird, ergibt das „richtige und vollständige Gesamtkonzept", genauso wenig wie ein von außen angetragenes „Fertigmodell" dies leisten würde. Angesichts der Unterschiedlichkeit der Unternehmen und der Besonderheiten ihres Geschäfts erhält der unternehmensindividuelle Reflexionsprozess eine ganz besondere Bedeutung – sowohl was die Ermittlung von Handlungsbedarfen als auch was letztlich die Machbarkeit von Ethikmanagement angeht. Daher müsste ein praxistaugliches Ethikmanagementsystem unbedingt in praktischer Zusammenarbeit mit den beteiligten Unternehmen entwickelt werden.

Will man nun aber der Existenz ungenutzter Potentiale auf den Grund gehen, dann kann die weiterhin festgestellte Tatsache, dass die Unternehmen einzelne Handlungsbereiche niemals mit der gleichen Aufmerksamkeit, Systematik und Professionalität bearbeiten, weitere Anregungen geben. Damit deutet sich an, dass aus der Bestandsaufnahme nicht nur zu lernen ist, *welche* Bereiche praktisch bearbeitet werden können und sollten (so man sich mit Unternehmensethik praktisch auseinandersetzen will). Zudem liefert die empirisch ermittelte effektive Praxis in den einzelnen Handlungsbereichen mit ihren spezifischen Instrumenten und Maßnahmen einige Lehren für das Management normativ-moralischer Problemstellungen im Unternehmen. Gerade durch die vergleichende unternehmensübergreifende Gesamtschau zeigt sich sehr deutlich, dass auch eine große Unterschiedlichkeit darin besteht, *wie* und *warum* bestimmte Instrumente und Maßnahmen zum Einsatz gebrachten werden. Die unterschiedlichen Gründe und die verschiedenen Arten der Umsetzung bieten gewiss eine Menge Stoff zur konstruktiven Auseinandersetzung mit dem Thema Ethikmanagement. Im Rückblick auf das empirische Bild lässt sich eine Reihe von Merkmalen erkennen, anhand derer dessen Mannigfaltigkeit hinsichtlich der unternehmensethischen Praxis beschrieben werden kann. Der zwar wenig überraschende, aber durchaus lehrreiche Befund dieser qualitativen Bestandsaufnahme lautet demnach zusammenfassend, dass eine enorme Verschiedenartigkeit der in den einzelnen Unternehmen eingesetzten Instrumente, Maßnahmen, Programme und Strategien besteht, und zwar (mindestens) hinsichtlich

- der Ziele und Zwecke, die damit verfolgt werden,
- des Anspruchs und der Wahrnehmung der eigenen Praxis (die z.B. in ihren potentiellen Wirkungen nicht erkannt wird),
- der Tiefe der strategischen Einbettung,
- der Konsequenz der Durchsetzung,
- der Systematik, Elaboriertheit (Maßnahme, Instrument, System) und des Operationalisierungsgrades (Professionalisierungsgrad),
- der Einsatzbereiche,
- des thematischen Fokus.

5 Einschätzungen zu der Frage nach den Unternehmensrisiken

Um sich den praktisch bestehenden Problemstellungen von unternehmensethischer Relevanz weiter anzunähern, ist in den Unternehmensinterviews in offener und allgemeiner Form auch nach den Risiken gefragt worden, welche als besonders schwerwiegend für das Unternehmen und seine unternehmensethische Konstitution eingestuft werden. Im Ergebnis kristallisierten sich drei große Risikofelder heraus:

- Gesellschaftsbezogene Risiken
- Branchenbezogene Risiken
- Unternehmensbezogene Risiken

Gesellschaftsbezogene Risiken

Als Antworten auf die Frage nach den größten Risiken für das Fortbestehen des Unternehmens mit seiner jeweils besonderen (auch moralisch-gesellschaftlichen) Ausrichtung wird auf eine Reihe von (befürchteten) Tendenzen hingewiesen, die auf verschiedene Veränderungen im sozio-ökonomischen Umfeld des unternehmerischen Handelns abstellen. Auch wenn die genannten Risiken in diesem gesellschaftsbezogenen Bereich thematisch recht heterogen sind, es verbindet sie – als ein gemeinsames Merkmal – ihre teils sehr deutliche ethisch-moralische Konnotation: So werden etwa die möglichen Konsequenzen wirtschaftlicher Krisenzeiten und harter Umbrüche für die eigenen unternehmensethischen Ansprüche problematisiert, und schließlich die Frage aufgeworfen, ob damit möglicherweise doch gewisse Abstriche und Trennungen erzwungen werden. Ebenfalls im Zusammenhang mit dem Fall einer andauernd schlechten gesamtwirtschaftlichen Lage werden weitere wirtschaftsethische Implikationen geäußert. Mit dem scheinbar nur ökonomischen Hinweis auf die Probleme einer sinkenden Kaufkraft in Deutschland werden neben dem Nachfrageproblem auch die fragwürdigen Begleiterscheinungen im Konsumentenverhalten reflektiert. Die Einschätzungen hinsichtlich eines in Frage stehenden Trends in Richtung einer Geiz-ist-geil-Mentalität sind dabei sehr unterschiedlich. Auf der einen Seite wird die eher zuversichtliche Haltung vertreten, dass die lauter und aggressiver werdenden Schreie im Preiskampf der Werbewelt nur ein Anzeichen dafür sind, dass die Verbraucher gar nicht (mehr) zuhörten und sich gerade den anderen – nicht-preislichen – Aspekten des Konsums zuwendeten. Auf der anderen Seite werden angesichts einer bei immer mehr Verbrauchern festgestellten Preisfokussierung auch Zusammenhänge mit Veränderungen der gesellschaftlichen Wertvorstellungen bzw. der Käufermoral hergestellt. Für das eigene Unternehmen bedeute dies in letzter Konsequenz, dass bei einem Wegbrechen der Naturkostkunden als relativ wohlhabender und am ehesten ethisch sensibilisierten Käuferschicht die Gesellschaft ohnehin am Ende sei. In diesem Zusammenhang sei für die unternehmensethische Ausrichtung der Naturkostunternehmen aktuell besonders bedenklich, dass in der Prioritätenliste der Bevölkerung offenbar ein Bedeutungsverlust des Themas Nachhaltigkeit festzustellen ist, der nicht ohne Konsequenzen für das Konsumverhalten sei. Darüber hinaus wird ein allgemeiner sittlicher Verfall konstatiert, der als ein gesellschaftlicher Trend hin zum Egoismus auch die Naturkostbranche als Teil der Gesellschaft nicht ausnehme.

Als kritische Risiken von ähnlich grundlegender Bedeutung werden auch ethisch fragwürdige Entwicklungen wie eine radikale Verbreitung der Gentechnologie genannt, weil sie sich zudem durch eine (fast) absolute Unbeeinflussbarkeit auszeichneten. Auch etwa größere Skandale in der Naturkostbranche, an denen ein Unternehmen selbst überhaupt keinen Anteil zu haben braucht, um davon in seinen Grundfesten betroffen zu sein, zählen zu solchen unbeeinflussbaren Risiken. Allgemein wird schließlich die Sorge geäußert, dass die zunehmende Komplexität des marktlich-gesellschaftlichen Umfelds und die schiere Fülle der sich ergebenden Schwierigkeiten die Gefahr birgt, diesen neuen Herausforderungen nicht mehr Herr werden zu können.

Branchenbezogene Risiken

Durch unternehmensinterne Maßnahmen kaum zu beeinflussen sind auch solche Schwierigkeiten, die infolge als bedenklich angesehener Verhaltensweisen anderer Marktteilnehmer das eigene Geschäft zu bedrohen scheinen. Zu diesen branchenbezogenen Risiken zählt etwa das nicht nur moralisch sondern auch rechtlich problematische Verhalten von Unternehmen, die konventionelle Produkte als ökologische ausweisen und vermarkten. Solche „schwarzen Schafe" seien ein enormes Risiko für die

Glaubwürdigkeit und den Ruf anderer Unternehmen sowie der ganzen Naturkostbranche. Mit den umfassenden Kontrollmaßnahmen auf Unternehmens- und Branchenebene[1] wird in diesem kritischen Bereich allerdings bereits viel zur Risikoprävention unternommen. Eine ähnliche reputationsschädigende Wirkung (auf das Label „Bio" sowie auf um besondere Qualitäten bemühte Marken) wird den schlechten Qualitäten anderer Biohersteller zugesprochen. Im Unterschied zum ersten Fall stimmten hier zwar die juristischen Anforderungen, aber aus gravierenden Mängeln in geschmacklicher, ästhetischer oder anderer Hinsicht, die unter dem gleichen Etikett vermarktet würden, resultiere eine enorme Imagegefahr. Wie in Kapitel 4.4 gezeigt wurde, begegnen einige Unternehmen diesem Risiko mit umfangreichen Anstrengungen in den Bereichen Markenbildung, Markt- und Gesellschaftskommunikation, wobei gerade auch unternehmensethische Aspekte mit einbezogen werden.

Ein weiterer branchenbezogener Risikobereich wird in der derzeitigen allgemeinen Verfassung der Naturkostbranche bzw. des Fachmarktes gesehen. So würden unproduktive Wettbewerbsauseinandersetzungen – wie der Konflikt zwischen Handels- und Herstellermarken bzw. den völlig unterschiedlichen Vermarktungswegen – zu einer Selbstblockade der Branche führen. Für den Naturkostmarkt würde die Zuspitzung dieses Trends – wenn also nur noch Firmen übrig blieben, die konventionelle und ökologische Produkte gemeinsam vertreiben – letztlich eine generelle Verflachung bedeuten, und zwar in jeder Hinsicht – ob nun bei Qualität oder bei Ethik. Aus der Sicht eines anderen Unternehmens liegen die hemmenden Faktoren für die Entwicklung des Biomarktes besonders in der hohen Anzahl der Biomarken und den verbundenen Folgen für die Markenbekanntheit und -übersichtlichkeit. Das Problem der Markenvielfalt beziehe sich sowohl auf die Eigenmarken von Kleinsthändlern, die entweder Preise oder Qualitäten nicht halten könnten, als auch auf die Eigenmarken des konventionellen Lebensmitteleinzelhandels. Bei den gerade genannten Konflikten darf allerdings nicht übersehen werden, dass die geäußerte Kritik und die gesehenen Risiken auch sehr stark mit den Marktbegebenheiten, also der Marktstellung des jeweiligen Unternehmens zusammenhängen, und daher logischerweise

---

[1] Vgl. hierzu den zweiten Abschnitt von Kapitel 4.3, Kapitel 4.5 sowie die Teilstudie des ZfW im Teil B

etwa von Hersteller- und Großhandelsunternehmen diesbezüglich gänzlich unterschiedliche Ansichten vertreten werden.

Jenseits der spezifischen Ausprägungen solcher Marktkonflikte werden indessen häufig auch grundlegende (moralische) Aspekte des (mit- oder füreinander) Wirtschaftens angeführt. Spätestens wenn solch moralisch aufgeladene Beschreibungen wie „Nahkämpfe", „Egozentrik" oder „Selbstversorgungshaltung" zur Situationsbeschreibung herangezogen werden, zeigt sich, wie groß die Sorge um die moralische Konstitution der Branche und den damit verbundenen Risiken ist. Schließlich wird als eine große Gefahr die Desintegration der deutschen Naturkostbranche als Einheit aus den drei Säulen Anbau, Verarbeitung und Handel genannt.

Unternehmensbezogene Risiken

Bedrohungen und Herausforderungen, die mit den internen und originären Entwicklungen des Unternehmens selbst zusammenhängen, werden zwar auch thematisiert, aber deutlich seltener und weniger. Für eines der befragten Unternehmen spielen solche unternehmensbezogenen Risiken allerdings eine herausragende Rolle. Indem die Fehler, die es zu vermeiden gelte, herausgestellt werden, deuten sich gleichzeitig auch verbundene Managementaufgaben an. Das Risiko bestehe zum einen in dem Verlust zentraler Fähigkeiten wie der Marktwahrnehmung und der Innovationskraft. Hinzu komme die Gefahr, es nicht zu schaffen, bei den Menschen (also bei Kunden wie bei Mitarbeitern) die heute zum wirtschaftlichen Bestehen notwendige geistige Beweglichkeit und Selbstentwicklung anzuregen. Weiterhin existiert auch die grundlegende Sorge, nicht flexibel und phantasievoll genug zu sein, um mit den künftigen Herausforderungen fertig zu werden. Neben diesen Risiken, die in Beziehung zu den inneren Kompetenzen des Unternehmens stehen, werden auch solche Probleme in den Vordergrund gestellt, die sich aus einer zu geringen Größe ergeben könnten, wie etwa Schwierigkeiten bei der Erfüllung von Mindestabnahmebedingungen.

Vor dem Hintergrund der genannten Einschätzungen zu verschiedenen Unternehmensrisiken drängt sich freilich die Frage auf, wie die Unternehmen mit den konstatierten Gefahren und Herausforderungen praktisch umgehen. In den meisten Fällen scheint dies eher implizit zu geschehen, zwei Unternehmen nennen jedoch auch ausdrückliche Instrumente und

Strategien des Risikomanagements. In einem der Unternehmen ist mit Fachwissen von außen ein professionelles Riskmanagement installiert worden. Dabei werden Risikoanalysen mit einer Bewertung verschiedenster Risiken von allgemeinen Skandalrisiken bis zu Ausfallrisiken von Kunden durchgeführt. Sowohl zur Risikoprävention als auch zum Krisenfallmanagement sind Maßnahmen eingeleitet worden wie zum Beispiel die Entwicklung von Krisenleitfäden. Das zweite Unternehmen bezeichnet unter anderem die Beschäftigung mit Inhalten wie der Rolle des Unternehmens in der Gesellschaft, das Betreiben einer aktiven Kommunikation und eine Strategie des Mitgestaltens statt sich treiben zu lassen als praktische Wege, um mit zum Teil schwer greifbaren Risiken umzugehen. Ansonsten werden keine – zumindest keine übergreifenden oder systematischen – Herangehensweisen an die vielfältigen internen und externen Risikoquellen angeführt. Bringt man diesen Befund mit der oben erläuterten Tatsache zusammen, dass vielen der genannten Risiken offenkundig auch eine moralische Dimension anhaftet, dann scheint einiges dafür zu sprechen, Ethikmanagement im Sinne eines erweiterten Risikomanagements als eine sinnvolle praktische Vorgehensweise in Erwägung zu ziehen.

6 Zur Machbarkeit von Ethikmanagement: Bedenken, Vorteile und Erfolgsfaktoren

Als Ergänzung, Fortführung und Zuspitzung der bisherigen empirischen Darstellungen, welche spezifische relevante Teilaspekte des Forschungsthemas behandelten, soll in diesem Kapitel schließlich die Machbarkeit von Ethikmanagement in der Naturkostbranche explizit behandelt werden. In den Unternehmensinterviews sind nämlich auch ausdrücklich Fragen der praktischen Umsetzbarkeit von Ethikmanagement besprochen worden: Zunächst werden die geäußerten Bedenken und Einwände, die Einschränkungen und Grenzen in Bezug auf eine praktische Umsetzung von Ethikmanagement vorgestellt. Danach soll es um die Vorteile gehen, die mit einer Einführung eines Ethikmanagements verbunden sein können, sowie um die praktischen Bedarfe, die hinsichtlich unternehmensethischer Handlungsabsichten bestehen. Zum Schluss sollen dann konkrete Anforderungen und kritische Erfolgsfaktoren gesammelt werden, welche über den Erfolg einer praktischen Realisierung von Ethikmanagement in Naturkostunternehmen entscheiden. Weil es sich dabei um zusätzliche empirisch gewonnene Informationen handelt, sind die folgenden Erläuterungen nicht als Zusammenfassung, sondern als Ergänzung der bisherigen Darstellungen zu verstehen.

Die Konfrontation mit dem Thema Unternehmensethik in den Gesprächen hat sich für die Interviewpartner weitestgehend als eine sehr anregende und passende Auseinandersetzung herausgestellt, was noch einmal die Hauptfragestellung der Studie in ihrer praktischen Relevanz bestätigt. Bemerkungen wie „Bei mir laufen Sie weitestgehend offene Türen ein." oder „Ich finde es unheimlich spannend, ob da was bei rauskommt." illustrieren die große Aufmerksamkeit und Aufgeschlossenheit gegenüber der Themenstellung, die sich durch sämtliche Gespräche gezogen haben. Die Beschäftigung mit dem Thema wird zudem – ganz im Sinne der Hauptfragestellung – als eine Art Sondierung aufgefasst, um Parallelitäten, Anknüpfungspunkte und Anregungen zwischen dem Konzept des Ethikmanagements und den Praktiken, die bereits in den Unternehmen bestehen, zu erkunden. Sogar die Suche nach Potentialen der Professionalisierung in diesem Bereich wird dabei ausdrücklich erwähnt. Im Nachhinein hat der Effekt der Gespräche vor allen Dingen in einer (erneuten) Bewusstmachung und in Denkanstößen bestanden – sowohl was die Bedeutung der bereits bestehenden Aktivitäten als auch was mögliche neue Inhalte und Formen angeht. Den allgemeinen Vorteilen, die mit der Einführung eines Ethikmanagements theoretisch oder potentiell verbunden sind[1], wird eine spontane und umfassende Zustimmung entgegengebracht, die um weitere praktische Hinweise ergänzt werden. Doch bevor zusätzliche, spezifische Vorteile und Bedarfe im Zusammenhang mit Ethikmanagement vorgestellt werden, soll zuerst der Blick auf diejenigen Aspekte gerichtet werden, die eher kritisch eingeschätzt werden.

Bedenken und Einwände, Einschränkungen und Grenzen

Auch dort, wo das Thema Unternehmensethik in seiner Bedeutsamkeit ganz besonders akzeptiert wird, werden gleichzeitig Schwierigkeiten für eine derzeitige praktische Auseinandersetzung damit angemeldet. Weil es sich um ein Problemfeld handele, welches erst langfristig – dann aber eine herausragende – Bedeutung erlangen würde, könne es angesichts der wirtschaftlichen Lage und der „empfundenen Depression" aktuell sehr schwer zur Geltung gebracht werden, drängten es doch andere (kurzfristige) Probleme in den Hintergrund. Trotz großer Sympathie dem Thema gegenüber werden auch Bedenken an einer breiten öffentlichen Diskussion darüber angemeldet, wobei die Befürchtung geäußert wird, dass, je lauter es diskutiert werde, umso eher wieder plakative „Auseinandersetzungen über den richtigen Weg" entfacht werden würden. Damit würde jedoch das Ziel vereitelt, dass Unternehmensethik lebendig, routineartig und zu einer Selbstverständlichkeit wird, die gar nicht mehr besonders erwähnt zu werden braucht.

Auch in seiner praktischen Dimension als Ethikmanagement wird dem Thema Skepsis bezüglich seiner aktuellen Bedeutung entgegengebracht. So seien die inhaltlichen Aspekte (hier allerdings nur bezogen auf die traditionellen Themen Ökologie und Regionalität) bereits seit je her Gegenstand der Unternehmenspolitik, außerdem sei das Unternehmen bzw. die Naturkostbranche auch sehr stark damit durchsetzt. Es herrsche im Unternehmen somit in vielen Punkten eine inhaltliche Übereinstimmung mit dem Konzept, ohne dass man sich systematisch Gedanken über die eigene Unternehmensethik gemacht habe. Genauso werden die methodischen Aspekte in Frage gestellt und Managementsysteme allgemein eher

---

[1] Vgl. Teil C

als Modeerscheinung kritisiert, die überdies im Falle des Ethikmanagements wegen ihres Konzeptcharakters anzuzweifeln seien, da Unternehmensverantwortung im Mittelstand aus den Unternehmen erwachsen und von Personen getragen werden müsse. Konstruktiv gewendet zielen die Hinweise dieser kritischen Einzelmeinung darauf ab, dass die – nicht grundsätzlich abzulehnende – Entwicklung von Konzepten zu unternehmensethischen Fragen zum einen sehr stark von der Akzeptanz im Unternehmen und seiner spezifischen Situation und Geschichte abhängig sei, und zum anderen erst ab einer gewissen Größenordnung Sinn mache.

Darüber hinaus werden auch spezielle Einschränkungen hinsichtlich der praktischen Wirksamkeit von Ethikmanagement geltend gemacht. Ein mehrfach geäußertes Argument bezieht sich auf den Wirkungsradius, der von einem Ethikmanagementsystem faktisch abgedeckt werden könnte. Werte müssten zwar zwingend im Unternehmen thematisiert werden, könnten aber nicht (in gleicher Weise) alle Unternehmensangehörigen erreichen. Personen, die einfachere physische Tätigkeiten verrichten, seien keine effektiven Adressaten eines Managementsystems – hier käme demgegenüber allein das Führungsverhalten und die Vorbildrolle der leitenden Mitarbeiter zum tragen, so dass es sich bei Ethikmanagement eher um ein Instrument handele, welches sich auf die darüber liegende Führungsebene konzentrieren sollte. Für die praktische Ausgestaltung eines Ethikmanagements ist die Unterschiedlichkeit der Adressaten ein wichtiger Orientierungspunkt; die Lehre für eine konkrete Konzeptualisierung dürfte dabei in der angemessenen Berücksichtigung solcher qualitativen Unterschiede und ihrer praktischen Konsequenzen bestehen, etwa für die Entscheidung zwischen formellen und informellen Verfahren als den geeigneten Praktiken. In Anbetracht der Notwendigkeit wirksamer Maßnahmen, um normative Vorgaben wie die Unternehmenswerte mit Leben zu füllen, wird gleichzeitig auf die Grenzen der Beeinflussbarkeit von Kultur hingewiesen. Vor allem Vorschriften stießen alsbald an ihre Grenzen, weil eine gewisse Grundempfänglichkeit bereits bei den betreffenden Menschen vorgegeben sein müsse – sonst könnten sich jegliche Vorgaben in ihr Gegenteil umkehren. Die zentrale Frage hinsichtlich des Steuerungsaspektes, den Ethikmanagement ja ausdrücklich beansprucht, wird in diesem Zusammenhang auf die Formel gebracht: „Wie können *einzelne* es schaffen, dass *viele* umdenken?" An anderer Stelle wird ein wichtiger praktischer Hinweis für die Beantwortung dieser Frage gegeben, indem als allgemeine Kritik an der Idee des

Ethikmanagements darauf verwiesen wird, dass vornehmlich der Erlebnis- und Erfahrungswelt eine kulturprägende Bedeutung innewohne. Allein die gelebte Praxis führe zu Einsicht, Sinn und Verinnerlichung im betrieblichen Alltag, den Grundvoraussetzungen für eine funktionierende (ethische) Unternehmenskultur – aber dies sei nicht (ausreichend) mit Ethikmanagement zu erfassen. Doch wird in einem anderen Gespräch gerade die Einschätzung vertreten, dass Ethikmanagement – im Gegenteil – ein hochinteressantes Instrument sei, um „in die schnöde Warenwelt etwas mehr Geistiges hineinzubringen – und vor allen Dingen Sinn". Zur Erfüllung dieser Aufgabe – im Unternehmen Sinn zu erzeugen – bedürfe es in einem gewissem Maße verschriftlichter, Orientierung gebender Normen; dabei wird allerdings ausdrücklich vor der Gefahr einer Überkodifizierung gewarnt. Nicht eine Fülle von Handlungsanweisungen, die detailliert die Unternehmensmoral dokumentieren, sondern wenige Kernaussagen würden eine solche Innenwirkung – auch zur Identifikation der Mitarbeiter mit dem Betrieb – entfalten. Die Grenze einer solchen durchaus sinnvollen Verbriefung liege dort, wo die Verschriftlichung zum Dogma geraten würde, denn damit würde sie kontraproduktiv werden. In einem anderen Unternehmen sei dies an der Frage klar geworden, ob Stellenbeschreibungen eine sinnvolle Einrichtung sind – mit dem Ergebnis, dass man sich auf die Definition von Kernaufgaben beschränkt habe, aus denen heraus dann individuell und situativ gehandelt werden könne. Grundsätzlich steht hinter diesem Einwand auch die pragmatische Befürchtung einer überbordenden Bürokratisierung, die häufig im Zusammenhang mit der Einführung von Managementsystemen geäußert wird. Man müsse auch noch zum Arbeiten kommen, und könne sich nicht ständig nach allen Seiten hin zertifizieren lassen. Neben der Bürokratisierungsgefahr eines Managementsystems könne aber auch die Ethik selbst zu einem Hemmschuh für das Erfordernis schneller tagespolitischer Entscheidungen werden, nämlich dann, wenn ausschweifende Diskussionen über moralische Aspekte andere (betriebswirtschaftliche) Aspekte zu überlagern drohten. Dieser Hinweis macht erneut klar, dass nicht das Vorhandensein solcher Debatten in Frage gestellt werden muss, sondern mit Ethikmanagement gerade die Formen und die Verfahren der – auch moralisch bestimmten – Entscheidungsprozesse auf den Prüfstand gestellt werden müssen. Insgesamt beinhalten die genannten kritischen Einwände keine unüberwindbaren Hindernisse, sie eröffnen eher wertvolle Anregungen für eine erfolgreiche Praxis in Sachen Ethikmanagement.

Vorteile und Bedarfe

Weniger über das Wie einer Umsetzung als über das Was und das Warum geben indessen die in den Interviews betonten oder ergänzten Vorteile sowie die geäußerten Bedarfe Auskunft. Während die bewusstseinsbildende Wirkung und die Förderung der geistigen Dimension des Wirtschaftens durch Ethikmanagement schon angesprochen wurden, wird ferner die Schaffung eines „höheren Betriebsfriedens" als möglicher Vorteil angesehen; als wichtiger Teilaspekt der Unternehmenssicherung könne mit Ethikmanagement das gegenseitige Verständnis und der Zusammenhalt verschiedener Gruppen im Unternehmen – insbesondere zwischen Führungsgruppe und sonstigen Mitarbeitern – gefördert werden. Ein weiterer Vorzug wird darin gesehen, dass mit einem Ethikmanagement die Unternehmenspolitik konsistenter und die Entscheidungen kohärenter gemacht werden könnten; somit werde eine gewisse Geradlinigkeit und Verlässlichkeit in der Unternehmensentwicklung hergestellt, was auch etwas mit der langfristigen Unternehmenssicherung zu tun habe. Wie dies allgemeinhin mit Managementsystemen bezweckt sei, könne außerdem das Garantieren einer ständigen Selbstkontrolle ein positiver Effekt von Ethikmanagement sein. Auch die Frage, ob mit innovativen Maßnahmen im unternehmensethischen Bereich strategische Vorteile geltend gemacht werden könnten, wird von einem Unternehmen, welches in diesem Bereich bereits relativ fortgeschritten ist, aufgeworfen und positiv beantwortet. Dabei wird allerdings darauf hingewiesen, dass es im eigenen Fall nicht das ursprüngliche Kalkül gewesen sei, die speziellen Vorteile des Vorreiters nutzbar zu machen, dies hätte sich erst im Prozess bemerkbar gemacht. In einem ähnlichen Sinne wird auch die Möglichkeit zur proaktiven Differenzierung der ganzen Branche mithilfe von Ethikmanagement in den Raum gestellt, wobei noch offen sei, inwieweit die Unternehmen bei einem solchen Projekt mitziehen würden. Konkret könne auf Branchenebene eine Art branchenweites Ethikmanagement bzw. ein Branchenkodex dabei helfen, über Selbstregulierungsprozesse ethisches Handeln zu begünstigen bzw. unmoralisches Geschäftsgebaren zu verringern.

Darüber hinaus werden für verschiedene, zum Teil spezifische unternehmensethische Handlungsfelder eigene Defizite eingeräumt bzw. Bedarfe geäußert. Dazu zählt an erster Stelle der bereits ausführlich geschilderte Bereich der externen Kommunikation, wo in mehreren Fällen ein stärkeres Herausstellen des bestehenden (unternehmensethischen bzw. gesellschaftlichen) Engagements als erforderlich angesehen wird.[2] Da letzteres häufig aufgrund externer Anfragen zustande komme, die unstrukturiert und meist vom Geschäftsführer persönlich geprüft würden, sei es auch eine Aufgabe, die Bereiche des gesellschaftlichen Engagements zu definieren und – etwa durch einen Kriterienkatalog – zu systematisieren. Ein weiterer wesentlicher Bereich, wo gleich mehrfach Handlungsbedarfe festgestellt werden, betrifft indessen die unternehmensinterne Dimension. Hier sei die Identitätsbildung nach innen, insbesondere die Integration neuer Mitarbeiter ein Arbeitsfeld, dem zukünftig mehr Aufmerksamkeit geschenkt werden müsse – auch in systematischerer Form, wie dies mit einem Ethikmanagementsystem angedacht ist. Des Weiteren werden ganz spezielle und konkret anwendungsbezogene Aufgaben und Bedarfe genannt – etwa das Interesse an einem Austausch mit Experten von außen, um deren Spezialwissen und Erfahrungen nutzbar zu machen, oder der Wunsch nach einer besseren Operationalisierung – auch unter Zuhilfenahme von externen Konzepten und Instrumenten. Ferner besteht die Absicht, abgebrochene Aktivitäten oder seit längerem bestehende Ideen und Pläne endlich um- oder fortzusetzen. Letztlich scheint allgemein in Fortführung der durch die Interviews angeregten und als positiv hervorgehobenen Selbstreflexionsprozesse durchweg die weitere Vergegenwärtigung, Bewusstmachung und Auseinandersetzung mit dem Thema ein zukünftiges Anliegen zu sein.

Praktische Anforderungen und kritische Erfolgsfaktoren

Zum Abschluss soll der Blick ganz auf die praktische Umsetzungsfrage gerichtet werden, indem eine Reihe von Erfolgsfaktoren, die als konkrete Anforderungen an ein praktikables Ethikmanagementsystem artikuliert wurden, zu einer Liste von Machbarkeitskriterien zusammengestellt werden. An erster Stelle soll hier ein Punkt stehen, der im Zusammenhang

---

[2] Vgl. Kapitel 4.4.

mit Ethikmanagement immer wieder als *die* Grundvoraussetzung und entscheidende Erfolgsbedingung herausgestellt wird, und zwar der nachdrückliche Wille, sich auf ein solches Vorhaben aus Überzeugung einzulassen.[3] Dazu wird angemerkt, dass, wenn diese Voraussetzung erfüllt sei, die Fragen der Finanzierung und der konkreten Umsetzung zweitrangig sein müssten. In seiner fundamentalen Bedeutung wird dieses Argument gewöhnlich in erster Linie für die Ebene des Managements bzw. der Geschäftsführung geltend gemacht[4], doch von einem der Unternehmer wird dieser Erfolgsfaktor auf die gesamte Implementationsfrage ausgedehnt und damit die Problematik eines erforderlichen Grads an kultureller Durchdringung und menschlicher Akzeptanz aufgeworfen. Dies sei ebenfalls eine zwingende Voraussetzung von grundlegender Bedeutung, weil erst mit der Entwicklung von Sinn, Einsicht und Überzeugung bei allen Menschen im Unternehmen die Basis für selbstbestimmtes moralisches Handeln geschaffen werde. Dies sei allerdings nur in einem gewissen Maße managebar. Damit verbleibt jedoch in jedem Fall eine erfolgsentscheidende Aufgabe für die unternehmensethische Praxis, die irgendwie gelöst werden muss. Der Trick für die Bewältigung dieser Aufgabe liege im richtigen Ansatzpunkt – man müsse die Leute an einer ganz anderen Stelle aufrühren, um wirklich Sinn zu erzeugen, und zwar über die Förderung und Ermöglichung von Lebenspraxis, Aufklärung und (Selbst)Bildung. Mit der Anregung einsichtsvollen, selbstbestimmten Handelns würden dann auch viele Managementprobleme wegfallen. Ein weiterer Hinweis, der als grundlegendes Erfolgsmerkmal für die Konzeptionierung einer praktischen Unternehmensethik herausgestellt wird, betrifft das Verhältnis von Moral und Betriebswirtschaft. Erstere dürfe letztere nicht verdrängen, ein erneutes oder aktiveres Aufgreifen moralischer Aspekte des Wirtschaftens dürfe keinesfalls eine Rückkehr zu einem rein idealistischen Betrieb einleiten, weil dies letztlich die (betriebswirtschaftliche) Existenz aufs Spiel setzen würde.

Daneben gibt es auch ein paar ganz konkrete Anforderungen an die Beschaffenheit eines Ethikmanagements, die über seine Praktikabilität letztlich entscheiden dürften. Dies fängt an bei dem scheinbar trivialen Erfordernis, dass ein praxistaugliches Konzept von Ethikmanagement gut verständlich sein müsse; das heißt konkret: Es gilt zu hinterfragen, ob

---

[3] Vgl. Waxenberger 2001, 102 f.
[4] Vgl. ebd.

modern anmutende Anglizismen wie Corporate Citizenship, Corporate Social Responsibility oder Sustainability in mittelständischen Unternehmen am richtigen Platz sind oder ob sie im Gegenteil nicht vielleicht mehr Verwirrung stiften als sie Nutzen bringen. Ferner müsse ein Ethikmanagementsystem – und dies gilt in besonderem Maßen für kleinere Unternehmen – nebenher laufen und während der normalen Arbeit zu bewältigen sein. Man könne sich nicht über längere Zeit intensiv einem solchem Thema widmen, weswegen es gerade so wichtig sei, dass eine solche Initiative von vielen Menschen im Unternehmen getragen wird, denn es sei schließlich deren Zeit und Aufwand, die dazu benötigt werden. Somit müsse ein Ethikmanagement mit allen seinen zeitlichen und ressourcenmäßigen Aufwendungen finanzierbar sein, weil die Mittel für zusätzliche Maßnahmen letztlich immer sehr begrenzt seien. Schließlich müsse auch der mit der Einführung eines unternehmensethischen Projektes verbundene Nutzen erkennbar sein. Damit ist noch kein quantifizierter monetärer Ertrag gemeint, sondern zunächst einmal jegliche Anzeichen für irgendeine Form der Honorierung. Diese Problematik ist vor dem Hintergrund zu sehen, dass gerade die Unternehmen, die schon relativ viele unternehmensethische Maßnahmen im Unternehmen installiert und nach außen kommuniziert haben, bis heute nicht feststellen können, dass ihr Engagement tatsächlich von den Kunden honoriert wird. Es könne zwar durchaus erkannt werden, dass die Kunden das Unternehmensengagement für gut heißen und respektieren, aber spürbare Auswirkungen etwa auf das Konsumverhalten könnten dagegen nicht festgestellt werden, vielmehr würden die Kunden die unternehmensethischen Leistungen nur „billigend in Kauf nehmen". Interessanterweise scheinen diese Erkenntnisse für die betreffenden Unternehmen kein Grund für einen Strategiewechsel zu sein, ganz im Gegenteil: die Bemühungen hinsichtlich Operationalisierung, Steuerung, Transparenz und Kommunikation werden eher intensiviert.

Abschließend soll noch auf die Frage nach der „Passung" eines Ethikmanagements mit dem Status Quo im Unternehmen eingegangen werden, wie sie die breite empirische Bestandsaufnahme unternehmensethikrelevanter Instrumente bereits aufgeworfen hat. Die drei kritischen Erfolgsfaktoren für den Umgang mit dem Problem der praktischen Passung sind im Grunde bereits genannt worden, sie werden durch explizite Hinweise in den Interviews noch zusätzlich bestätigt: Als konkrete Anforderung an ein neu einzuführendes Instrumentarium wird erstens dessen Anschlussfähigkeit an die bestehenden (Management)Instrumente erwartet. Und in der Tat bestünden etwa augenscheinliche konzeptionelle Übereinstimmungen zwischen dem vorgeschlagenen allgemeinen Ethikmanagementkonzept und existierenden Umwelt- oder Qualitätsmanagementsystemen. Neben dieser Anschlussfähigkeit auf der System- bzw. Konzeptebene käme es zudem darauf an, auf der Ebene der (Spezial)Instrumente möglichst eine Integration des Bestehenden hinzubekommen, statt (zu viele) zusätzliche Instrumente zu schaffen. Ein praktisches Beispiel wäre hier die Integration unternehmensethischer Themen in bestehende Schulungsangebote. Schließlich wird als erfolgsentscheidende Anforderung an ein praktisches Ethikmanagementkonzept die Berücksichtigung der Unternehmens- und Branchenbesonderheiten ins Feld geführt. Mindestens eine Differenzierung nach Unternehmensgröße und Branche müsse konzeptionell vollzogen werden. Wahrscheinlich wird auch eine angemessene Respektierung der individuellen Unternehmenssituation (Philosophie, Geschichte, Position im Markt, Wachstum, bestehende Instrumente etc.) für ein praxistaugliches Ethikmanagementsystem unerlässlich sein.

Fazit

Wie mit Managementsystemen für sonstige Spezialthemen eine weitgehend personenunabhängige Prozesssicherung angestrebt wird, so könnte ein Ethikmanagementsystem dies für den Bereich der normativ-moralischen Fragen im Unternehmen leisten. Reflektiert vor den gewonnenen empirischen Befunden ist Ethikmanagement in der Naturkostbranche zusammenfassend

– *erwünscht*, d.h. grundsätzlich akzeptiert und mit Wohlwollen begegnet,

– *sinnvoll* bzw. hilfreich,
 d.h. mit einem nachvollziehbaren Beitrag zur Bearbeitung prekärer Problemfelder,

– und *machbar*, d.h. praktikabel, anschlussfähig.

Im Rückblick ist noch einmal ausdrücklich darauf hinzuweisen, dass diese Sammlung von Bedenken, Vorteilen und Erfolgsfaktoren – als Zusammenstellung empirischer Ergebnisse aus höchst unterschiedlichen

Unternehmensquellen – nicht den Anspruch erhebt, ein konsistentes Gesamtmodell zu bilden. Für den Zweck, die praktische Machbarkeit und Sinnhaftigkeit von Ethikmanagement in der Naturkostbranche zu thematisieren und mit praktischem Fokus zur Diskussion zu stellen, wäre es auch gar nicht dienlich, sondern eher zu voreilig, bereits eine Bewertung und Auslese der plausibelsten Argumente vorzunehmen. Weil sämtliche Argumente, Einwände und Anforderungen nicht die Machbarkeit an sich infrage stellen, sondern die Möglichkeiten, die Wege, die Formen und die Gründe für eine Umsetzung beleuchten, erscheint es angemessen, die Unterschiedlichkeit der Argumente mit ihren teils sehr verschiedenen geistigen Quellen in ihrer Fülle und Vielfalt nebeneinander stehen zu lassen, um für künftige Umsetzungsdiskurse auf eine möglichst breite Palette an Argumenten zurückgreifen zu können.

7 Zur zukunftsorientierten Selbstverortung der Naturkostbranche

Die meisten der im BESOS-Projekt interviewten Personen, die aus der direkten unternehmerischen oder der Geschäftsführungsrolle heraus uns ihre Selbstbeschreibungen vortrugen, haben ein sehr großes Interesse daran artikuliert, an einem größeren Projekt zur Einführung eines Ethikmanagementsystems beteiligt zu sein. Auch wenn es in den Interviews sowie auf dem Frankfurter Abschlussworkshop der Machbarkeitsstudie am 19.01.05 vereinzelte skeptische Äußerungen gab („haben wir schon alles, bringt vermutlich nichts")[1], gibt es also aus der Naturkostbranche selbst heraus gute Gründe, für die ethische Reflektion der eigenen Unternehmensentwicklung ein eigenes Managementsystem auf den Weg zu bringen.

Das sind zunächst einmal unternehmens- und brancheninterne Motive, auf diesem Wege die eigene Unternehmenssteuerung verbessern zu können. Dazu passt, dass die hierfür artikulierten Interessen sich besonders stark auf den Bereich der Personaleinstellung und -entwicklung richten. Hier scheint eine besonders wichtige Herausforderung dafür zu liegen, die ursprünglich persönliche Unternehmermoral auf die ökonomische Organisation Unternehmung übertragen zu können.

Mit diesem Kapitel soll ergänzend auf zwei demgegenüber externe Stränge öffentlicher Diskussion eingegangen werden, die in besonderer Weise geeignet scheinen, den ethischen Ambitionen, über die die Naturkostbranche einmal begonnen hat, neue Impulse zu geben:

a) die sich ausweitende Debatte über Corporate Social Responsibility (CSR) und Corporate Citizenship, die sich aus beschreibbaren Gründen weiter intensiviert, sowie

b) die Forschungen und Debatten über nachhaltige Ernährung und Ernährungskultur.

Zu a)
Die Intensivierung der Debatten zu Corporate Social Responsibility und Corporate Citizenship hat selbst verschiedene Quellen.[2] In der gesellschaftlichen Legitimation erleiden Unternehmen seit einiger Zeit wieder

---

[1] Vgl. auch den ersten Teil des sechsten Kapitels zu den verschiedenen Bedenken und Einwänden

[2] Ausführlicher s. Pfriem (2004 b, 333-363)

deutliche Reputationsverluste. Das liegt neben den offenkundigen Skandalen der letzten Jahre (Shell, Enron, Mannesmann) daran, dass gegenüber nennenswerten Teilen der Gesellschaft nicht ersichtlich ist, dass die Unternehmen selbst ihren hinreichenden Beitrag zu überkommenen Reformen leisten.[3] Selbst wenn die akademischen Erörterungen zu Corporate Governance häufig viel zu stark auf die Beziehungen zwischen Vorständen und Aufsichtsräten fokussieren und damit im Denkrahmen überkommener shareholder-Orientierung verbleiben[4], so sind selbst für die unternehmens- und gesellschaftspolitischen Diskussionen zu Corporate Governance ganz offensichtlich die weitergehenden gesellschaftlichen Legitimationsprobleme von Unternehmen die Treiber.

Aktuelle Beispiele zeigen, dass sich Unternehmensvertreter in der Frage, wie viel Verbindung von hoher Rendite für die Aktionäre und Entlassungen für die Beschäftigten zulässig ist, durchaus uneinig sind.[5] Differenzen solchen Ausmaßes können als Zeichen für Unsicherheit, vielleicht sogar Orientierungslosigkeit dafür gedeutet werden, welche Maßstäbe von Gerechtigkeit diejenigen beachten sollen, denen qua Wirtschaftsordnung das Direktionsrecht über die erwerbswirtschaftlichen Unternehmungen zusteht. Die Frage nach dem nötigen Maß gesellschaftlicher Legitimierungsbemühungen von Unternehmen in bzw. gegenüber der Gesellschaft erwächst also nicht erst aus der Beziehung zwischen Unternehmen und Gesellschaft, sondern bereits aus der Pluralität normativer Orientierungen unter Unternehmern und Unternehmensvertretern in dieser Frage – ein theoretisch wie praktisch außerordentlich wichtiger Punkt!

Corporate Social Responsibilty und Corporate Citizenship werden in der Literatur unterschiedlich definiert. Verbreitet, wenn auch keineswegs ausnahmslos, ist die folgende Unterscheidung:

Mit Corporate Social Responsibility (CSR) wird die gesellschaftliche Verantwortung von Unternehmen[6] allgemein angesprochen, die sich ausgehend von ihrem Kerngeschäft auf Feldern wie Arbeitsbedingungen, Umweltschutz und Menschenrechten ergibt. Nach dem Verständnis der

---

[3] Vgl. etwa Weiss/ Schmiederer 2004
[4] Vgl. Theisen 2003
[5] Vgl. etwa die über die Presse lancierten deutlichen Worte des neuen BDI-Chefs zur Unternehmenspolitik der Deutschen Bank
[6] Vgl. dazu ausführlich Lautermann 2004

Europäischen Kommission ist CSR „im Wesentlichen eine freiwillige Verpflichtung der Unternehmen, auf eine bessere Gesellschaft und eine sauberere Umwelt hinzuwirken"[7], wobei nicht nur die gesetzlichen Bestimmungen einzuhalten seien, sondern darüber hinaus „mehr" in Humankapital, in die Umwelt und in die Beziehungen zu anderen Stakeholdern zu investieren sei.[8].

Unter Corporate Citizenship wird häufig, aber nicht immer, gesellschaftliches Engagement von Unternehmen jenseits des Kerngeschäftes verstanden, etwa als Sponsoren, über Stiftungen und soziales Engagement. Durch Fälle, wo Corporate Citizenship in diesem Sinne abzulenken scheint von negativen Effekten des Kerngeschäftes der Unternehmen, ist die Skepsis gegenüber solchen Aktivitäten weit verbreitet. Das mag vermittels unternehmenskritischer Stimmungen in der Gesellschaft dazu beigetragen haben, dass solche Aktivitäten in anderen Ländern wie den USA wesentlich weiter verbreitet sind.

Es gibt allerdings auch wissenschaftliche Herangehensweisen, in Corporate Citizenship übergreifend und umfassend die verantwortliche Rolle von Unternehmen als Teil der Gesellschaft zu charakterisieren.[9] Dafür spricht, dass damit an die Diskussionen über moderne Zivilgesellschaften angeschlossen und konkret konstatiert wird, dass in den heutigen modernen Gesellschaften des 21. Jahrhunderts Unternehmen eine bürgerschaftliche Rolle zukommt, aus der wie bei dem bürgerlichen Individuum in den Gesellschaftskonstruktionen des 19. Jahrhunderts Rechte und Pflichten erwachsen.

Der Vorzug einer solchen Herangehensweise scheint darin zu bestehen, dass sie den Veränderungen der industriekapitalistischen Marktwirtschaften seit ihrem Beginn rund 150 Jahre zuvor gerecht zu werden versucht, nicht zuletzt dem offenkundigen Funktionswandel des Staates mit einer deutlichen Relativierung seiner Rolle gegenüber anderen Teilen der Gesellschaft, darunter der Wirtschaft, sowie einer Einschränkung der Souveränität der Nationalstaaten. Anders herum wächst auch das Bewusstsein darüber, welch gewaltige Rolle erwerbswirtschaftlich tätigen

---

[7] Europäische Kommission 2001, 5. In diesem und auch anderen Texten, die sich gar nicht auf die regulative Idee der Nachhaltigkeit beziehen, stimmt das dann in erstaunlichem Maße mit jener überein.
[8] Vgl. ebd., 8
[9] So Matten/ Crane 2004, so auch Pfriem 2004 b

Unternehmen bei der Gestaltung und Entwicklung der gesellschaftlichen Kulturen, Werte und Normen zukommt.[10] Nebenbei wird das Missverständnis vermieden, gesellschaftliche Verantwortung sei eine monologische Aufgabe der Unternehmen, die sie übernehmen könnten, weil sollten, oder eben auch nicht.

Die Unternehmen der Naturkostbranche haben über die Qualität ihrer Produkte, wie in diesem Text noch einmal erinnert, von Anfang an ein stark ausgeprägtes Selbstverständnis davon gehabt, gesellschaftliche Verantwortung wahrzunehmen. Unter den konkreten historischen Bedingungen ist dieses Selbstverständnis in vielen Fällen über das (damals zutreffende) Wissen gewachsen, es deutlich besser zu machen als die Mehrheit der Wettbewerber. Die daraus resultierenden Gefahren heißen Gutmenschentum und Selbstzufriedenheit: Unter Gutmenschentum verstehen wir die Selbstzuweisung der Bedeutung, sehr grundsätzlich und auf Dauer auf einer höheren moralischen Stufe zu agieren als andere, und die Selbstzufriedenheit ist die logische Folge, weil über diese Selbstbeschreibung die Einsicht verdrängt wird, in einem Wettbewerb mit geradezu täglich veränderten Konstellationen zu stehen.

Die Entwicklung „von der Bewegung zur Branche"[11] hat zum einen frühe diskursive Formen der Beziehung in marktliche, ökonomische verwandelt. Zum anderen haben gerade die Erfolge Probleme aufgeworfen. Lebensmittelskandale und verstärkte Nachfrage nach gesunden Lebensmitteln in der Folge davon haben zur Vermarktung der Bio-Produkte außerhalb des Naturkosthandels, zur weiteren Ausfächerung von Produkten, die als naturnah bzw. bio angepriesen werden, und sogar zur Einführung eines EU-Biosiegels geführt, das sich „natürlich" von den Zertifikationssiegeln der überkommenen Bio-Verbände abhebt.[12]

Aus wirtschaftswissenschaftlicher Perspektive hat damit nicht mehr und nicht weniger stattgefunden als eine Normalisierung. Eine Normalisierung freilich, die so weit geht, dass sie selbst den Titel unserer Studie (den wir trotzdem beibehalten haben) in zweifelhaftem Licht erscheinen lässt. Denn mit welchem Recht sollen wir den auf Strukturelemente der

---

[10] Vgl. Pfriem 2004 a
[11] So der Titel von Thomas/ Groß 2005
[12] Dabei soll nicht unterschlagen werden, dass mit diesen das Problem der Ausfächerung bereits anfing, denn die Kriterien von Demeter, Bioland, Naturland etc. sind ja keineswegs gleich.

Wirtschaftsstatistik bezogenen Begriff der Branche für ein bestimmtes Segment der Lebensmittel- und Ernährungswirtschaft verwenden dürfen, das sich nicht durch andere Produkttypen, sondern „lediglich" durch andere Qualitätsansprüche definiert (die natürlich der intersubjektiven Überprüfung anheim stehen)?

Die Differenzierung, die gegenüber der früheren Lagerwelt eingetreten ist, lässt sich sehr wohl ins Positive wenden: Unter den Bedingungen sich selbst weiter differenzierender Faktoren von Nachfrage und weiteren Einflüssen sind die einzelnen Unternehmen, aber natürlich auch Genossenschaften und Verbänden, hinter denen tatsächlich gleiche Qualität steht, umso mehr aufgerufen, im offenen Wettbewerb mit anderen Lebensmittelanbietern (und nicht länger als Teil eines Lagers) diese Differenzierungsmerkmale erfolgreich zu kommunizieren.

Weil bei aller Wertschätzung zusätzlichen gesellschaftlichen Engagements die Angebotsqualität des eigenen Kerngeschäfts freilich auch den Kern gesellschaftlicher Verantwortung von Unternehmen ausmachen sollte, macht es nach Auflösung der Lagerkonstellation umso mehr Sinn, wenn sich die Naturkostunternehmen an den derzeit weiter anwachsenden Formen und Kontexten von Corporate Social Responsibility und Corporate Citizenship beteiligen. Die konkrete aktive Beteiligung einzelner Naturkostunternehmen etwa am Deutschen Netzwerk Wirtschaftsethik (dnwe) wäre ein Beispiel für einen solchen Aufbruch und Brückenschlag. Wenn schon für die Unternehmen des nach früherer Weltsicht anderen Lagers Corporate Social Responsibility als business case diskutiert wird[13], dann liegen eben hier die Ansatzpunkte, sich im Felde normalisierten Wettbewerbs zu behaupten, erfolgreich zu entwickeln und neue Positionen aufzubauen. Aus dem Hineingehen in solche informellen und teils auch formellen Zusammenhänge, die die gesellschaftliche Verantwortung von Unternehmen zum Gegenstand haben, kann, so der hier vertretene Standpunkt, allemal für die Schärfung des eigenen Profils viel gelernt werden.

---

[13] Für Hansen 2005 ist dies gar keine Frage mehr als solche, sondern lediglich „unter welchen Voraussetzungen bzw. in welchem Kontext CSR ein Erfolgsfaktor ist." (Hansen 2005, 73)

Zu b)

Ernährung hat in den vergangenen Jahren als gesellschaftliches und gesellschaftspolitisches Thema deutlich an Relevanz gewonnen[14]. Neben den die Öffentlichkeit jeweils hochschreckenden Lebensmittelskandalen um BSE, Nitrofen etc. ist gerade auch die alltägliche Normalernährung Thema geworden. Denn allein die finanziellen Summen, die menschliche Fehlernährung in der Form von Krankheitskosten verschlingt, steigen dramatisch. Und die negativen sozialen und ökologischen Folgen, die das derzeitige Ernährungssystem in den frühindustrialisierten Ländern generiert, gehen über diese bloß monetären Beträge noch weit hinaus.[15] Dazu gesellen sich in der Debatte inzwischen Aspekte möglicher bzw. systematisch verfehlter Lebensqualität[16].

Die gesundheits- und schlankheitsbezogenen Bemühungen der Vergangenheit, zur Änderung des täglichen Ernährungsverhaltens beizutragen, können als im wesentlichen gescheitert betrachtet werden. Dabei fängt an sich herumzusprechen, dass eine solche Bilanz nicht zwangsläufiges Ergebnis jeglicher solcher Bemühungen schlechthin ist, sondern kontingent, abhängig von den Methoden, mit denen das Ziel andere Ernährung zu erreichen versucht wurde. Das Scheitern solcher Ernährungserziehung wird verständlich vor dem Hintergrund, dass gerade in Deutschland die Ernährungswissenschaft in den vergangenen Jahrzehnten absolut dominant einem naturwissenschaftlichen Paradigma verpflichtet war.[17]

In der wissenschaftlichen Analyse wie für praktische Umsetzungserfolge erscheinen demgegenüber solche Ansätze vielversprechender, die den kulturellen Dimensionen menschlicher Handlungen starkes Gewicht beimessen. Das beginnt bei den Bedeutungszuweisungen, die dem Essen

---

[14] Vgl. aktuell dazu den von der Deutschen Gesellschaft für Ernährung (DGE) herausgegebenen Ernährungsbericht 2005.

[15] Bezogen auf die daraus resultierende Notwendigkeit einer Agrar- und Ernährungswende gibt es im Rahmen der Sozialökologischen Forschung des Bundesforschungsministeriums eine Reihe von Projekten, zu denen das Oldenburger Projekt OSSENA gehört und die sich in einem Kompetenznetzwerk zusammengeschlossen haben.

[16] Damit beschäftigt sich intensiv unser BMBF-Projekt Ernährungsqualität als Lebensqualität (OSSENA), das am Beispiel der Region Ostfriesland die Bedingungen und Möglichkeiten des Wandels von Ernährungskulturen untersucht. Vgl. www.ossena-net.de.

[17] Meier-Ploeger 2004 und weitere Beiträge in jener Broschüre.

und Trinken unmittelbar gegeben werden. Hier spielen Geschmack, Konsistenz, Geruch und Aussehen eine wichtige Rolle. Eine zweite Ebene kann als Infrastruktur der Ernährung bezeichnet werden. Diese betrifft die technischen wie sozialen Elemente der Gestaltung von Ernährung, von den Werkzeugen bis zu den kulinarischen Atmosphären.[18] Und schließlich ist analytisch drittens von Bedeutung (und natürlich auch absolut belangvoll für Bemühungen um Veränderungen des Ernährungsverhaltens), wie eng verflochten Ernährungskulturen mit allgemeinen kulturellen Selbstentäußerungen der Menschen sind:

1. Die (Zu)Neigung zu bestimmten Ernährungsmustern kann lebenspraktisch und folglich in der wissenschaftlichen Beobachtung von Lebenspraktiken nicht vernünftig abgegrenzt werden von den übrigen kulturellen Selbstverortungen, jugendsprachlich und jugendpraktisch gesprochen: von dem, was insgesamt in oder out ist.

2. Ernährungsstile als wichtiges Element von Lebensstilen sind längst zu einem wichtigen Merkmal sozialer Differenzierung geworden. Darüber enthüllt sich, dass soziale Differenzierung heute generell in besonderem Maße als kulturelle Differenzierung auftritt. In den frühindustrialisierten Ländern steht sogar zunehmend die Frage, ob sich das Phänomen der Armut künftig nicht hauptsächlich an kulturellen und Bildungsfaktoren erweist. Selbst unter Ökonomen fängt an sich herumzusprechen, dass solche Phänomene über Preisdifferenzen nicht länger erklärt werden können.

3. Verhaltensveränderungen im Bereich der Ernährung als erste Schritte oder kleine Bestandteile dessen, was später einmal als kultureller Wandel bezeichnet werden könnte, sind infolge des Eingebettetseins von Ernährungsweisen in das übergreifende persönliche kulturelle und soziale Verhalten eben gar nicht denkbar als bloße Veränderungen des Ernährungsverhaltens.[19]

Wie in anderen Bereichen auch ist die Frage, wie sich etwa in Deutschland Ernährungskulturen in den nächsten Jahrzehnten verändern, zu Beginn des 21. Jahrhunderts noch kaum zu beantworten. Die starke Industrialisierung der Lebensmittelproduktion, die Verbreitung von Fast Food

---

[18] Wer will, kann hier natürlich zwischen Artefakten und Atmosphären auch noch einmal unterscheiden.
[19] Pfriem 2004 c, 107 f.

als Umgangsweise mit zeitlichen Restriktionen im öffentlichen Raum u.a. stellen zwar Faktoren der Verriegelung gegenüber weiteren Entwicklungen dar. Aber bereits am Beispiel Fast Food-Ernährung lässt sich zeigen, dass weder Kosten noch Zeitknappheit als vermeintliche hard facts die wirklich ausschlaggebenden Größen sind. In the long run ist die Zukunft also auch hier grundsätzlich offen.

Für eine Naturkostbranche, die sich unter veränderten Wettbewerbsbedingungen neu positionieren will, stellt ein aktiver Zugang darauf, in die ernährungskulturellen Auseinandersetzungen in Wort und Tat einzugreifen, eine hervorragende Möglichkeit dar.[20] (Rück)Gewinnung von Ernährungskompetenzen, neue ernährungskulturelle Profile für die häusliche wie die Außerhaus-Ernährung, Regionalität und Saisonalität der nachhaltigen Produktion sind neben der ökologischen Qualität der Herstellung Faktoren, denen Naturkostunternehmen in Zukunft größeres Gewicht geben sollten. Nur im Maße dieser Erweiterung des eigenen Handelns lässt sich künftig Vertrauen in die eigene Qualität hinreichend in Erfolge umsetzen: selektive und differenzierte Qualität versus standardisierte Massenprodukte nicht als Ende, sondern als Ausgangspunkte einer kulturellen Auseinandersetzung.

Wenn die Unternehmen der Naturkostbranche diese beiden bedeutsamen gesellschaftlichen Trends[21] aktiv aufzugreifen verstehen, werden sie im Sinne einer zukunftsorientierten Selbstverortung sicher neue Chancen für eine breitere Öffnung gegenüber der Gesellschaft haben. Natürlich besteht die Möglichkeit, sich damit zufrieden zu geben, dass die Umsatzentwicklung der Naturkostbranche sich weiterhin positiv vom Gesamtergebnis der Lebensmittelbranche abhebt. Nicht wenige Unternehmen hätten auch auf längere Sicht mit einer solchen Strategie ein befriedigendes ökonomisches Auskommen.

Das hieße freilich erstens, die Augen zu verschließen vor den Schwächen, die sich inzwischen deutlicher zeigen im Umgang mit Geschäftspartnern, in der Rekrutierung und Entwicklung von Personal, in der hinreichenden Berücksichtigung sozialer Aspekte auf der gesamten, auch internationalen Wertschöpfungskette, hinsichtlich des vielfach bereits in seiner ökologischen Relevanz unterschätzten Aspekts der Regionalität.

---

[20] Mit dieser Perspektive beschäftigt sich der Beitrag von Hamm 2004
[21] Wobei in beiden Fällen stark zu vermuten ist, dass es sich nicht um kurzfristige Modeerscheinungen handelt.

Zweitens würde damit aber auch eine gesellschaftspolitische Chance vergeben, die die Naturkostbranche bei Verfolgen der hier beschriebenen zukunftsorientierten Selbstverortung zweifellos hätte – die Chance nämlich, durch inhaltliche Neudefinition der ursprünglichen Triebkräfte erneut eine weiterführende und zukunftsweisende Perspektive unternehmerischen Handelns aufzuzeigen.

Von daher spricht viel für eine Strategie, im Rahmen der Diskussionen und Aktivitäten zu Corporate Social Responsibility und Corporate Citizenship die Geschäftsethik der Branche nach innen und außen neu zu positionieren und die eigene politische Rolle in der Gesellschaft durch intensivere Beteiligung an den Auseinandersetzungen um Ernährungsqualität(en) und Ernährungskultur(en) zu stärken. Ein auf den Ergebnissen unserer Machbarkeitsstudie aufbauendes Projekt zur regelrechten Implementation eines Ethikmanagementsystems in ausgewählten Partnerunternehmen könnte dafür sicher nützliche Hilfe leisten.

8 Von der Machbarkeitsstudie zum Projekt

Der Bericht, den wir als theoretische Ausarbeitung auf der empirischen Basis von elf Unternehmer- bzw. Unternehmensinterviews und des Frankfurter Abschluss-Workshops am 19.01.05 hiermit vorlegen, ist der Aufgabenstellung entsprechend als Machbarkeitsstudie zu verstehen. Zu prüfen waren die Möglichkeiten und Erfordernisse zur Einführung eines Ethikmanagementsystems in unter Naturkostlabel agierenden Unternehmen der Lebensmittel- und Ernährungswirtschaft durchzuführen, worüber die zunächst theoretische Konzeption eines solchen Ethikmanagements praktische Konkretisierung erfahren soll.

Die Versuchung, eine Arbeit zu ihrem Abschluss als erfolgreich zu charakterisieren und insofern auch nach dieser Machbarkeitsstudie ohne weiteres zu behaupten, ein solches Projekt sei machbar, ist bekanntlich immer sehr groß. Dass dem so ist, bedarf im vorliegenden Fall weiterer Beweisführung, die wir mit den Argumentationen der Studie und damit auch der Auswertung der empirischen Untersuchung hoffentlich zur Genüge gegeben haben.

Der mit dem Titel benutzte Begriff Naturkostbranche ist wie schon angesprochen selbst zu problematisieren. So weit unter den heutigen Bedingungen eines wirtschaftlichen Strukturwandels, der das überkommene Branchengefüge des 20. Jahrhunderts deutlich durcheinander bringt und neue Wertschöpfungskonfigurationen generiert[1], überhaupt von Branchen noch sinnvoll gesprochen werden kann, handelt es sich bei den in unserer Studie untersuchten Unternehmen um solche, die innerhalb der Lebensmittelwirtschaft mit besonderen Qualitätsansprüchen auftreten. Für ein größeres Implementationsprojekt ergibt sich daraus nach unserem Dafürhalten eine wesentliche Schlussfolgerung: die konzeptionelle und methodische Qualität eines Ethikmanagements kann wesentlich besser entwickelt und seine praktische Tauglichkeit kann wesentlich besser überprüft werden, wenn dabei auch solche Unternehmen der Lebensmittelwirtschaft beteiligt werden, die sich selbst nicht mit dem in der Machbarkeitsstudie vorwiegend behandelten BNN-Bereich identifizieren. Gespräche mit Akteuren der Naturkostbranche auf dem Frankfurter Abschluss-Workshop wie danach haben uns in diesem Standpunkt zuletzt sehr bekräftigt. Hinzu kommt, dass die Nachhaltigkeitsberichterstattung

---

[1] Vgl. Heuskel 1999

der traditionellen Lebensmittelwirtschaft inzwischen deutliche Belege dafür liefert, dass auch hier Qualitätsanstrengungen in derselben Richtung unternommen werden.[2] Gerade um qualitätsbezogene Urteile und Entscheidungen differenziert und zutreffend fällen zu können, muss also die überkommene Vorabeinteilung in zwei Lager aufgehoben werden.

„Qualität ist seit jeher eine durch und durch ethische Thematik."[3] Die Vielfalt der Elemente eines Ethikmanagementsystems als Managementsystem, das nicht ethische Qualität von Unternehmenspolitik garantiert, aber ethische Reflektion als notwendige Voraussetzung dafür systematisch zu befördern vermag, kann dazu dienen, systematische Lücken oder Schwächen zu identifizieren, die über einen längeren Zeitraum gewachsen sind und denen eben mangels Systematik trotzdem keine hinreichende Aufmerksamkeit geschenkt wurde. Das gilt bei einem Teil der überkommenen Naturkostbranche sicherlich für den im Zuge von Nachhaltigkeit verstärkt diskutierten Aspekt der Regionalität von Herkunft und Vertrieb von Lebensmitteln, insbesondere beim Natureinzelkosthandel, wo die diesbezügliche Sensibilität in nicht wenigen Fällen nach wie vor erstaunlich unterentwickelt ist.

Das ausgeprägt politische Selbstverständnis vieler Unternehmer bzw. Unternehmen der Naturkostbranche hat zweifellos auch den Vorzug, dass die Trennung zwischen Unternehmensentwicklung und Regionalentwicklung hier nie so schematisch gesehen wurde, wie es zumindest die klassische betriebswirtschaftliche Forschung mit ihrer Fokussierung auf interne Prozesse der betrieblichen Leistungserstellung getan hat. In die Elemente eines Ethikmanagementsystems können deswegen in überzeugender Weise Fragen der regionalen Effekte unternehmerischen Wirtschaftens eingebracht werden, etwa was Arbeitsplätze, Infrastrukturen und regionale Lebensqualität betrifft. Auch im Bereich traditioneller erwerbswirtschaftlicher Unternehmen hat die mögliche Aktivität auf dem Felde regionaler Verantwortung deutlich an Gewicht gewonnen.

Die politische Geschichte vieler Unternehmer und Unternehmen der Naturkostbranche ist, wie eingangs illustriert, geprägt von einem starken Glauben an Kooperation im eigenen gegen das in sich und sowieso insgesamt konkurrenzierende Lager. Es ist inzwischen bekannt, dass der zu starke einseitige Glaube an Kooperation und die Verdrängung zwangs-

---

[2] Gerberich 2004
[3] Lunau 2000, 13

läufiger Elemente von Konkurrenz einer der wichtigen Faktoren des Scheiterns vieler unternehmerischer Initiativen war, anders zu wirtschaften, selbst verwaltet, alternativ. Ein Ethikmanagement hat insofern gerade auch eine helfende Funktion dabei, nüchtern, effektiv und kompetent mit den widersprüchlichen Beziehungen zwischen Kooperation und Konkurrenz umzugehen.[4]

Schwächen und Probleme gibt es also genug, weswegen die auf dem Frankfurter Workshop vereinzelt ausgesprochene Befürchtung, es solle um einen instrumentalistischen Umgang mit Ethik gehen, um mehr Profit zu machen, eher fehl geht. Vor allem haben auch die Interviews und die ergänzenden Untersuchungen im Rahmen der Machbarkeitsstudie die Vermutung genährt, dass in nicht geringem Maße die Naturkostbranche wie einige andere Erscheinungen der gesellschaftlichen Entwicklung auch das Risiko in sich birgt, zum Generationenprojekt zu verkommen. Der notwendige Übergang von der Unternehmer- zur Unternehmensethik hat von daher sehr grundsätzlichen Charakter. Dies und die Veränderung der unternehmenspolitischen Herausforderungen, die mit dem Begriff der Nachhaltigkeit gerade auf dem Felde der Lebensmittelwirtschaft einhergeht, lassen die Erprobung und Einführung eines Ethikmanagementsystems zu einem Projekt werden, das der Naturkostbranche helfen könnte, „sich neu zu entdecken", wie es ein Teilnehmer des Frankfurter Workshops sehr schön formulierte.

Daher sollte möglichst bald das Design eines größeren Projektes zur Implementation eines Ethikmanagements in der Ernährungswirtschaft entwickelt werden, bei dem sowohl Unternehmen aus dem über die Machbarkeitsstudie direkt angesprochenen BNN-Umfeld als auch andere als Praxispartner einbezogen werden. Wie bei solchen Projekten üblich, sollten die als Praxispartner mitwirkenden Unternehmen als Ausdruck ihres Engagements für die Hälfte ihres Projektaufwands selbst aufkommen. Die wissenschaftliche Begleitforschung wird zum einen im auch beraterischen Sinne die Implementation des Ethikmanagementsystems in den beteiligten Betrieben betreuen, zum anderen die weitere konzeptionelle Ausarbeitung und Konkretisierung des Ethikmanagementsystems vornehmen. Stärker, als dies in der Machbarkeitsstudie möglich war, soll dabei auch der Bogen zu anderen Managementsystemen wie der Ba-

---

[4] Vgl. dazu Miklis 2004

lanced Score Card (BSC)[5] und EFQM geschlagen werden. Die mögliche Ausstrahlungskraft eines solchen Projektes liegt freilich nicht zuletzt darin, dass es eben nicht um ein neues Managementsystem unter bloßen Effizienzgesichtspunkten geht, sondern von der Sache her um eine direkte Verknüpfung mit gesellschaftlicher Unternehmensverantwortung und Qualitätswettbewerb. Insbesondere die zweite Dimension kann gar nicht hoch genug eingeschätzt werden: selektive und differenzierte Qualität von Produkten und Dienstleistungen der Ernährungswirtschaft, die durch die Einführung eines Ethikmanagements, das schließlich kein Selbstzweck ist, in jeder Hinsicht gefördert werden kann, ist nicht weniger als die Linie einer kulturellen Auseinandersetzung in diesem Bereich gesellschaftlicher Lebensqualität.

Mehr als dies im Rahmen der Machbarkeitsstudie möglich war, wird es im Rahmen eines größeren Projektes möglich sein, internationale Erfahrungen mit Ethik- und Wertemanagement aufzuarbeiten und insbesondere einführungsprozessbezogene Erkenntnisse zu sammeln und einzubeziehen, was nicht nur sehr gute wissenschaftliche Perspektiven verspricht, sondern natürlich auch der Qualität der konkreten Implementationsprozesse zugute kommen wird. Deshalb soll für das kommende Projekt neben der Zusammenarbeit mit dem BNN auch die Kooperation mit dem Konstanzer Zentrum für Wirtschaftsethik unbedingt weitergeführt werden. Dessen beide Teilstudien bilden die beiden nachfolgenden Abschnitte der schriftlichen Dokumentation unserer Machbarkeitsstudie.

---

[5] Kaplan und Norton haben diese von ihnen entwickelte Methode inzwischen selbst weiterentwickelt, vgl. Kaplan/ Norton 2004

Literaturverzeichnis

Europäische Kommission (2001): Europäische Rahmenbedingungen für die soziale Verantwortung der Unternehmen. Grünbuch. Brüssel http://europa.eu.int/eur-lex/de/com/gpr/2001/com2001_0366de01.pdf

Europäische Kommission (2003): Mapping Instruments for Corporate Social Responsibility, Brüssel http://europa.eu.int/comm/employment_social/soc-dial/csr/mapping_final.pdf

Gerberich, K. (2004): Nachhaltigkeitsberichterstattung in der Ernährungswirtschaft, Projektbericht am Lehrstuhl für Unternehmensführung der Universität Oldenburg

Habisch, A. (2003): Corporate Citizenship. Gesellschaftliches Engagement von Unternehmen in Deutschland. Berlin u.a. (Springer).

Hamm, U. (2004): Rettet „Öko" die Ernährungskultur?, in: Ernährungskultur: Land(wirtschaft), Ernährung und Gesellschaft, 26. Wissenschaftliche Jahrestagung der AGEV, Bonn

Hansen, U. (2004): Gesellschaftliche Verantwortung als Business Case. Ansätze, Defizite und Perspektiven der deutschsprachigen Betriebswirtschaftslehre, in (Hrsg.) Schneider, U./Steiner, P.: Betriebswirtschaftslehre und gesellschaftliche Verantwortung. Mit Corporate Social Responsibility zu mehr Engagement, Wiesbaden

Heuskel, D. (1999): Wettbewerb jenseits von Industriegrenzen. Aufbruch zu neuen Wachstumsstrategien, Frankfurt/M./New York

Holme, R.; Watts, P. (2000): Corporate social responsibility: making good business sense, Genf http://www.wbcsd.ch/DocRoot/5mbU1sfWpqAgPpPpUqUe/csr2000.pdf

Kaplan, R.S.; Norton, D.P. (2004): Strategy Maps. Der Weg von immateriellen Werten zum materiellen Erfolg, Stuttgart

Lautermann, C. (2004): Die gesellschaftliche Verantwortung transnationaler Unternehmen: Theoretisches Konzept und praktische Relevanz, Schriftenreihe des Lehrstuhls für ABWL, Unternehmensführung und betriebliche Umweltpolitik, Nr. 42, Oldenburg

Lunau, Y. (2000): Unternehmensethikberatung. Methodischer Weg zu einem praktikablen Konzept, Bern/Stuttgart

Matten, D.; Crane, A.W. (2004): Corporate Citizenship – towards a theoretical conceptualisation, Academy of Management Review 29

Meier-Ploeger, A. (2004): Ernährungskultur: Land(wirtschaft), Ernährung und Gesellschaft – eine Standortbestimmung, in (Hrsg.): Ernährungskultur: Land(wirtschaft), Ernährung und Gesellschaft. 26. Wissenschaftliche Jahrestagung der Arbeitsgemeinschaft Ernährungsverhalten (AGEV), BfN-Skripten 123, Bonn

Miklis, M. (2004): Coopetitive Unternehmungsnetzwerke. Problemorientierte Erklärungs- und Gestaltungserkenntnisse zu Netzwerkbeziehungen zwischen Wettbewerbern, Marburg

Pfriem, R. (2004 a): Unternehmensstrategien sind kulturelle Angebote an die Gesellschaft, in (Hrsg.) Forschungsgruppe Unternehmen und gesellschaftliche Organisation (FUGO): Perspektiven einer kulturwissenschaftlichen Theorie der Unternehmung, Marburg

Pfriem, R. (2004 b): Ein pluralistisches Feld von Governancekulturen – Ideen zur Vermittlung von ethisch-moralischen Handlungsdimensionen mit dem vorgängigen ökonomischen Verständnis der Steuerung von Unternehmen, in (ders.): Unternehmen, Nachhaltigkeit, Kultur. Von einem, der nicht auszog, Betriebswirt zu werden, Marburg

Pfriem, R. (2004 c): Vom Moralin zur kulturellen Bildung, in: Ernährungskultur: Land(wirtschaft), Ernährung und Gesellschaft, Bonn

Theisen, M.R. (2002): Herausforderung Corporate Governance. In: Die Betriebswirtschaft (DBW) 441 ff.

Thomas, F./Groß, D. (2005): Von der Bewegung zur Branche. Der Öko-Landbau und seine sozialen und regionalen Ziele – eine Diskussion über Anspruch, Realität und Perspektiven, in: Kritischer Agrarbericht 2005

Waxenberger, B. (2001): Integritätsmanagement. Ein Gestaltungsmodell prinzipiengeleiteter Unternehmensführung, Bern u.a.

Weiss, H.; Schmiederer, E. (2004): Asoziale Marktwirtschaft. Insider aus Politik und Wirtschaft enthüllen, wie die Konzerne den Staat ausplündern, Köln

Wieland, J. (2004): Handbuch Wertemanagement. Erfolgsstrategien einer modernen Corporate Governance, Hamburg

Anhang zu Teil A

Anhang zu Teil A 105

Interviewleitfaden

I. Einleitung des Interviews:
- Kurzvorstellung des Projekts, seiner Entstehung und seiner Fragestellung sowie kurze Einführung in die Thematik
- Bitte um Erlaubnis einer Gesprächsaufzeichnung und Hinweis darauf, dass sämtliche Informationen aus dem Gespräch vertraulich behandelt und anonym veröffentlicht werden

II. Durchführung des Interviews:

1. *Unternehmensethische Praxis*
    a. Ggf. Unternehmensdaten: Gründungsjahr, Mitarbeiterzahl, Umsatz, Wachstum
    b. Ethische und gesellschaftliche Ansprüche/Ziele/Werte des Unternehmens?
    c. Existenz von Grundwerten, Leitbild o. ä.?
    d. Maßnahmen, um die Normen und Werthaltungen an die Mitarbeiter und im gesamten Unternehmen weiterzugeben?
    e. Umgang mit ethisch-ökonomischen Konflikten? Regelungen, Richtlinien, Erfahrungen, Beispiele?

2. *Meinungen und Einschätzungen zu unternehmensethischen Fragen*
    a. Zur Person: Position und Rolle im Unternehmen?
    b. Gründe für die besondere Ausrichtung der eigenen Geschäftstätigkeit, Gründe für Naturkost?
    c. Die Rolle ethischer Überlegungen im unternehmerischen Handeln? Heute im Vergleich zu damals?
    d. Einschätzung zu den Veränderungen im marktlichen und gesellschaftlichen Umfeld hinsichtlich der Frage nach Unternehmensethik?
    e. Einschätzung zu den Risiken für das Unternehmen? Umgang damit?

3. *Bewertung der Machbarkeit von Ethikmanagement*
    a. Vorteile von Ethikmanagement?

b. Spezifische Erwartungen an ein Ethikmanagementsystem?
c. Anforderungen an ein Ethikmanagementsystem?
d. Beurteilung der Anwendbarkeit, Umsetzbarkeit und Anschlussfähigkeit von Ethikmanagement(instrumenten)?
e. Bedenken und Haupteinwände gegenüber Ethikmanagement(instrumenten)?

III. Schluss: Einladung zum Workshop

Teil B

WerteManagementSysteme in der Naturkostbranche – eine internationale empirische Analyse bestehender Systeme

Josef Wieland,
Michael Fürst,
Sebastian Pforr

1 Ziel und Nutzen der Untersuchung (Grundsätzliches)

Als Teilbereich des Forschungsprojektes „Ethikmanagement in der Naturkostbranche – Eine Machbarkeitsstudie zur Einführung von Ethikmanagementsystemen" der Carl von Ossietzky-Universität zu Oldenburg wurde von der Zentrum für Wirtschaftsethik gGmbH (ZfW) eine empirische Untersuchung über den Ausarbeitungsgrad bestehender Wertemanagementsysteme in der Naturkostbranche durchgeführt.

Hintergrund und Ausgangspunkt dieser Untersuchung bildete die Fragestellung, wie die Unternehmen der Naturkostbranche mit moralischen Kategorien, die in besonderer Weise verknüpft sind mit dem moralischen Charakter biologischer Güter, im Rahmen ihrer unternehmerischer Aktivitäten umgehen. Präziser gefragt: i) Werden diese moralischen Kategorien auf alle für die Organisation relevanten Stakeholder angewendet? und ii) Finden sie Anwendung bei der Gestaltung der betrieblichen Aktivitäten über die gesamte Wertschöpfungskette und schaffen dadurch Transparenz, wie dies ein ganzheitlich konzipiertes Wertemanagementsystem vorsieht? Oder fokussieren die in den Unternehmen der Naturkostbranche existierenden moralischen Standards lediglich auf die Anforderungen adäquater Herstellungsstandards organischer bzw. biologischer Produktion?[1]

Ziel der Untersuchung ist die Erstellung einer Branchenübersicht, die über den gegenwärtigen Stand von Ethikmanagementsystemen (EMS) in den Bio-Branchen im internationalen Vergleich informiert. Diese Bestandsaufnahme stellt speziell den konzeptionellen Reifegrad von EMS

---

[1] Organische Landwirtschaft und ihre Produkte werden in diesem Kontext in Anlehnung an die Definition der Europäischen Kommission verstanden: „Der ökologische Landbau unterscheidet sich in vielfacher Hinsicht von den anderen landwirtschaftlichen Verfahren. Er setzt vorzugsweise auf erneuerbare Ressourcen und Recyclingverfahren, bei denen dem Boden die Nährstoffe durch Aufbringen landwirtschaftlicher Abfälle wieder zugeführt werden. Die Tierhaltung ist in besonderem Maße auf das Wohlergehen der Tiere und auf die Verwendung natürlicher Futtermittel ausgerichtet. Der ökologische Landbau nutzt die natürlichen Systeme der Schädlings- und der Seuchenbekämpfung und vermeidet den Einsatz von synthetischen Pestiziden, Herbiziden, chemischen Düngemitteln, Wachstumshormonen, Antibiotika und Gentechnik. Ökolandwirte verwenden stattdessen eine Reihe von Verfahren, die zur Erhaltung des ökologischen Gleichgewichts beitragen und die Umweltverschmutzung eindämmen." Vgl. hierzu Europäische Kommission (http://www.europa.eu.int/comm/agriculture/qual/organic/def/index_de.htm).

mit Bezug zum ökologischen Lebensmittelmarkt dar. Geographisch werden dabei vorwiegend solche Länder ins Auge gefasst, bei denen von einem fortgeschrittenen Entwicklungsstand im Naturkostmarkt und/oder im Bereich unternehmensethischer Praxis auszugehen ist (bevorzugt Europa und Nordamerika).

Im Fokus dieser umfassenden Recherche stand das Ziel, die Eigenheiten bereits bestehender Systeme herauszupräparieren sowie die Anforderungen des ausgewählten Marktes an die Systemkriterien eines EMS zu inspizieren. Als Referenzstandard für das systematische Management von Ethik und Werten im unternehmerischen Kontext wurde das WerteManagementSystem des Zentrums für Wirtschaftsethik herangezogen (WMS^{ZfW}), welches unter Punkt II dargestellt wird. Die Begriffe „Ethikmanagementsystem" und „Wertemanagementsystem" werden im Kontext dieses Auswertungsberichtes alternierend verwendet, beziehen sich in ihrer Sinnhaltigkeit indes auf die gleiche Definition in Anlehnung an das WMS^{ZfW}. Zusammenfassend werden in diesem Bericht Ethik-/Wertemanagementsysteme als Instrumente zur nachhaltigen Unternehmensführung verstanden, die Grundwerte als Handlungsmaßstäbe für Management und Mitarbeiter mit Blick auf alle Austauschbeziehungen zu möglichen Stakeholdern im Sinne einer Selbstbindung definieren und kodifizieren.

2 Referenzstandard WerteManagementSystem – WMS^{ZfW}[1]

Unter Wertemanagementsystemen werden firmenspezifische Instrumente verstanden, die darauf abstellen, die moralische Verfassung einer Organisation und deren Leitwerte zu definieren und in der alltäglichen Praxis mit Leben zu erfüllen. Sie sind Ausdruck der normativen Seite der Unternehmung und umfassen alle Mechanismen, über die ein Unternehmen in dieser Hinsicht verfügt. Sie geben einer Organisation durch Selbstbeschreibung und Selbstbindung an Werte Identität und signalisieren möglichen Kooperationspartnern und potenziellen Mitglieder Erwartungssicherheit mit Blick auf deren Handeln und Verhalten. Wertemanagementsysteme liefern die moralischen Kriterien für das Screening möglicher Kooperationspartner – also Kunden, Lieferanten, Partner, Mitarbeiter und gesellschaftliche Gruppen – durch ein Unternehmen. Sie bilden damit zugleich die Grundlage für jedes Stakeholder-Management. Die vier Prozessstufen des WerteManagementSystems^{ZfW} sind in Abbildung 6 dargestellt.

Abbildung 6: Die vier Prozessstufen des WerteManagementSystems

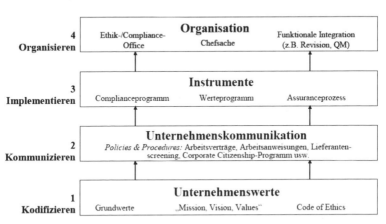

---

[1] Vgl. hierzu die Vorstellung des WMS sowie dessen Bausteine und Prinzipien in dem Handbuch WerteManagement, herausgegeben von Josef Wieland (Wieland 2004).

Stufe 1: Kodifizieren:

So bildet die Festlegung und Kodifizierung derjenigen Werte eines Unternehmens, die seine Identität bestimmen und seine Entscheidungen strukturieren, die Grundlage des Wertemanagements. Solche „Codes of Ethics" oder „Codes of Conduct", Grundwertekataloge oder Leitlinien beinhalten nicht nur moralische Werte, sondern auch Leistungs-, Kommunikations- und Kooperationswerte. Eine Sammlung möglicher Werte aus den vier Bereichen bietet Abbildung 7. Somit lassen sich demnach Unternehmen nicht nur entlang ihrer Organigramme, Finanzströme oder Produktionsstandards beschreiben, sondern gleichzeitig als ein bestimmtes Set von Werten, für die sie stehen. Die Kodifizierung eines bestimmten und für die Firma spezifischen Wertesets wird vollzogen über festgelegte und schriftlich ausformulierte Verhaltensstandards, die ihre Aussage immer aus allen vier Werteklassen nehmen. Bezogen auf den Forschungsgegenstand dieser Untersuchung bedeutet dies beispielsweise, dass neben der Kodifizierung von Leistungswerten mittels Produktions- bzw. Qualitätsnormen im Sinne der Sicherstellung einer bestimmten biologisch-nachhaltigen Qualität auch die Definition und Kodifizierung von Werten in den drei weiteren Werteclustern vorgenommen wird. Diese Werte müssen in einem aufeinander abgestimmten, nicht-konfligierenden Verhältnis zueinander stehen. So würde es bspw. in einem Widerspruch stehen, eine außerordentliche Höhe biologischer Produktqualität festzulegen und gleichzeitig Lieferanten lediglich über Preise zu screenen und auszuwählen oder keine Transparenz über die Qualitätsstandards zu schaffen. Verhaltensstandards schaffen damit Unternehmen eine abgrenzbare Identität („Make a Difference"), sind deshalb aber weder von allen möglichen wünschenswerten Werten bestimmt, noch sind sie ein Hort der Moralität in der Organisation. Sie beschreiben auch keinen Ist-Zustand, sondern bestimmen Verhaltenspräferenzen einer Unternehmung, sind eine Absichts- und Willenserklärung und ein Selektionskriterium für Entscheidungen in Konfliktsituationen. Nur in dieser Version können sie zum Bestandteil von Managementprozessen werden.

Abbildung 7: Werteviereck

Stufe 2: Kommunikation:

Kodifizierte Werte müssen im Unternehmen (intra team), zwischen Unternehmen (inter team) und im Hinblick auf die Gesellschaft (extra team) kommuniziert werden. Das heißt, sie müssen mittels Kommunikation im Geschäftsalltag mit Leben gefüllt werden. Dabei geht es allerdings weniger um Information und Public Relations, sondern um etwas, das als institutionalisierte Kommunikation bezeichnet werden soll. Institutionalisierte Kommunikation zeichnet sich dadurch aus, dass sie in das operative Geschäft integriert ist und damit eben auch Konsequenzen für das Alltagsverhalten generiert. Hier einige Beispiele: Spielen Verhaltensstandards eine Rolle bei der Auswahl von Mitarbeitern? Sind sie ein Kriterium bei der Beförderung von Nachwuchs? Sind sie relevant für die Auswahl und Bewertung von Lieferanten? Spielen sie eine Rolle bei der Art und Weise, wie bzw. mit welchem Mitteleinsatz produziert wird? Werden sie zu seinem Bestandteil bei der nachhaltigen Organisation von Innovationsprozessen im Bereich ökologischer Lebensmittelerzeugung?

Existieren Zielvereinbarungen, die ihnen Gewicht verleihen? Existieren operationale Entscheidungskriterien für Fragen wie Menschenrechte, Umweltschutz, Kinderarbeit, Frauenarbeit, Gefangenenarbeit etc., die über die Aufnahme einer Geschäftsbeziehung oder eine Investition in einem bestimmten Teil der Erde mitentscheiden? In welcher Weise sind die Unternehmenskommunikation und die unternehmerische Gesellschaftspolitik in den Prozess der Umsetzung von Verhaltensstandards einbezogen? Gibt es Vorstellungen und Programme zur „Good Corporate Citizenship" und der Übernahme sozialer Verantwortung?

Stufe 3: Implementierung:

Auf der dritten Prozessstufe stellt sich die Frage der Implementierung und Realisierung von Wertemanagementsystemen in den Geschäftsalltag, die sowohl durch Compliance als auch durch Wertemanagementsysteme vollzogen werden. Während Complianceprogramme ihren Fokus auf dem Gesichtspunkt der Rechtsförmigkeit von Unternehmensentscheidungen und Mitarbeiterhandeln haben, zielen Wertemanagementsysteme auf eine moralorientierte Selbstverpflichtung und Selbststeuerung des Unternehmens und seiner Mitarbeiter.

Alle Erfahrung zeigt, dass Complianceprogramme ohne eine Werteorientierung ihr operationales Ziel des Risikomanagements nur schwer erreichen, während auf der anderen Seite Wertemanagementsysteme ohne den Aspekt der Compliance ohne rechtliche Grundlagen sind. Neben den wertegetriebenen Verhaltensstandards und ihrer institutionellen Kommunikation bedürfen solche Systeme einer Evaluierung und Kontrolle. Solche Assuranceprozesse sind grundsätzlich Aufgabe einer Organisation, die sie entweder mit internen oder mit externen Ressourcen betreiben kann. Auch hier stellt sich die Frage nach der Umsetzung in der Naturkostbranche. Inwiefern werden zusätzlich zu dem Differenzierungskriterium „(biologische) Produktionsstandards und nachhaltiges Verhalten" komplementäre Werte im Rahmen des Werteviereckes gebildet, und welche Rolle nehmen diese im Geschäftsalltag ein? Bezogen auf die Unternehmen der Naturkostbranche bedeutet dies: Inwieweit werden sowohl ökologische Werte als auch weitere komplementäre Werte der drei Werte-Cluster zu einem überprüfbaren und zu überprüfenden Bestandteil von Compliance-Programmen oder Assurance-Prozessen?

Stufe 4: Organisieren:

Die vierte Stufe beinhaltet schließlich die Organisierung eines Wertemanagementsystems. Während im nordamerikanischen Kontext „Ethics Officers/Offices" eine wichtige Rolle spielen, wird im deutschsprachigen Raum die funktionale Integration in das Qualitätsmanagement, die Interne Revision, die Kommunikationsabteilung oder als Stabsstelle der Unternehmensführung bevorzugt. Nichtsdestotrotz existiert heute in einigen großen Unternehmen die Funktion des Chief Compliance Officers. Alle diese Möglichkeiten sind produktiv, solange klar ist, dass beide Varianten nur Wirkung entfalten und lebensfähig sind, solange sie Chefsache sind. Chefsache heißt: kontinuierliche Kommunikation der Bedeutung der Werte und Vorbild in der Umsetzung durch das Top-Management.

Es ist die soeben beschriebene Operationalisierung oder besser: Instrumentierung von Wertemanagementsystemen, die grundlegend über ihr Wirkungspotenzial und ihre Wirkungsrichtung entscheidet. Denn die Kernidee jedes Wertemanagementsystems ist einfach: Es geht darum, die handlungs- und entscheidungsleitenden Werte eines Unternehmens auf die verschiedenen Ebenen des Managements (Strategie, Organisation, Policies & Procedures, Kommunikation, Controlling) herunterzubrechen und entweder in die vorhandenen Standardinstrumente zu integrieren oder aber dort wo nötig, spezifische Instrumente des Wertemanagements zu kreieren und zu implementieren. Das folgende Schaubild gibt eine Übersicht über die heute gängigen Instrumente des Wertemanagements, die hier bestimmten Ebenen des Managements zugeordnet sind.

Das WerteManagementSystem des Zentrums für Wirtschaftsethik ist dynamisch strukturiert und zielt darauf, den Prozess der Implementierung und Evaluierung guter Managementpraxis anzuleiten. Bei seiner Anwendung definiert das WMS^{ZfW} die grundsätzlichen Forderungen und Bausteine, die erforderlich sind, damit es als seriös und zuverlässig gelten kann. Die Prinzipien und Bausteine des WerteManagementSystems^{ZfW} finden sich im Anhang dieses Berichts (Übersicht 1).

All dies bedeutet, dass ein Wertemanagementsystem umfassend und integrativ anzulegen ist. Und zwar sowohl in Hinblick auf jeden der Anwendungsbereiche als auch im Hinblick auf deren Zusammenspiel. Die umfassende Perspektive des WMS^{ZfW} bedeutet, dass es in einem Unternehmen oder in einem Anwendungsbereich keine Leitlinien und Verhaltens- und Verfahrensgrundsätze geben darf, die nicht Bestandteil des

WMS sind. Für die Einführung und Implementierung heißt das, dass bestehende Leitlinien, Verhaltens- und Verfahrensgrundsätze ermittelt und in das WMS integriert werden müssen.

Abbildung 8: Prinzipien und Instrumente des Wertemanagements

Prinzipien/ Grundwerte	**Leistung** Profit Kompetenz Motivation Flexibilität Kreativität Innovation Qualität	**Kommunikation** Respekt Zugehörigkeit Offenheit Transparenz Kommunikation Risikobereitschaft	**Kooperation** Loyalität Teamgeist Konfliktfähigkeit Offenheit Kommunikation	**Ethik** Integrität Fairness Soziale Verantwortung Aufrichtigkeit Gerechtigkeit

Management -Ebene		Strategie	Organisation	Policies & Procedures	Kommunikation	Steuerung
I N S T R U M E N T E	Standard	• Corporate Governance Code • Mission- Vision- Values Statement	• Compliance Officer • Unternehmens- kommunikation • Projekt- management	• QM-Handbuch • Lieferantenentwicklungs- programm • Beschaffungspolitik • Kompensationspolitik • Bonus-/Anreiz-Politik • Zielvereinbarungen	• Training • Internet / Intranet • Triple bottom line • Reporting	• Whistleblowing • Interne Revision • Internes Audit • Dokumentation
	WMS- spezi- fisch	• Code of Ethics	• Nachhaltigkeitsrat • Ethics Officer • Ombudsman • Helpline	• Code of Conduct • Umgang mit Geschenken • Sozialstandards • Umweltpolitik	• Stakeholder- Dialog • Ethics Quick- Check • Nachhaltigkeits- bericht	• Ethik-Audit • Assurance- Programm

Die integrative Perspektive des WMS ist notwendig, damit die Verhaltenssteuerung konsistent entlang der Werte des Unternehmens erfolgen kann. Sie soll davor schützen, dass die spezifischen Anforderungen von Bereichen und Abteilungen die Ausbildung und Wahrung der Corporate Identity behindern. Daher sind die relevanten Unternehmensprozesse, die durch Wertemanagement mitgesteuert werden, aufeinander abzustimmen. Nur so ist es möglich, Konsistenz und Eindeutigkeit der Grundwerte, Leitlinien, Verhaltens- und Verfahrensgrundsätze für unternehmerische Entscheidungen herzustellen und bei den Partnern des Unternehmens Vertrauenswürdigkeit in allen Belangen des strategischen und operativen Geschäfts zu erzeugen.

Abbildung 9: Die integrative Struktur des WerteManagementSystems^{ZfW}

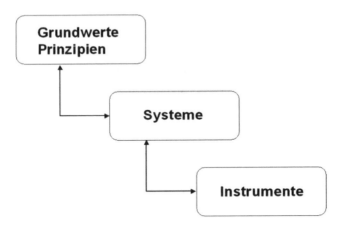

3 Vorgehensweise

Die Erhebung wurde im Zeitraum von Anfang November bis Mitte Dezember 2004 durchgeführt. Erhebungsmethoden waren dabei Internetrecherche sowie Expertenbefragung mittels Interviews und Mailanfragen. Untersucht wurden i) Verbands- bzw. Vereinigungsanforderungen in Form von Kodizes und ii) ein kursorischer Überblick über die Richtlinien und Anforderungen von am Markt tätigen Unternehmen mit der Differenzierung „Handelsunternehmen" und „produzierende Unternehmungen".

4 Auswertung der Erkenntnisse

4.1 Generelle Erkenntnisse

Auf die Erkenntnisse der Recherche über vorhandene WMS in der Naturkostbranche wird in den nachfolgenden Abschnitten eingegangen. Im Laufe der Recherchen wurde deutlich, dass alle untersuchten Märkte über staatliche Mindestanforderungen bezüglich „biologischer Güter" verfügen. Abschnitt 4.2 geht daher zum allgemeinen Verständnis kurz auf diese staatlichen Vorgaben ein. In den darauffolgenden Abschnitten werden am Markt entwickelte „Mechanismen der Selbstbindung", wie sie Branchen- oder Vereinsstandards oder ein Wertemanagementsystem darstellen, expliziert.

4.2 Staatliche/internationale/supranationale Regulierungen als Basisregelungen für biologische Güter

Staatliche bzw. von internationalen und supranationalen Organisationen kodifizierte Regulierungen existieren i) in Europa, ii) in den USA, iii) in Japan und iv) von den Vereinten Nationen.

Ad i) In Folge der Herausbildung einer Vielzahl an Verbandsrichtlinien innerhalb der Naturkostbranche in den vergangenen Jahrzehnten hat die Europäische Union für ihre Mitgliedsstaaten die Vorschrift EU 2091/92[1], die sog. EU-Öko-Verordnung 1991, erlassen, die 1992 in Kraft getreten ist. Diese definiert Mindestanforderungen für die Herstellung, Produktion und Verarbeitung von biologischen Rohstoffen/Produkten. In nationalstaatliches Recht umgesetzt, gilt die Verordnung für Unternehmen, die sich nach der EU-Verordnung 40511 von unabhängigen Zertifizierungseinrichtungen prüfen lassen müssen, als Handlungsmaßstab für Management und Mitarbeiter bezüglich der Herstellung, Produktion und Verarbeitung von „Bio-Produkten". Ferner dient EU 2091/92 als Maßstab für Konsumentensicherheit bei Produkten, die entweder mit dem europäischen oder dem jeweiligen nationalen Bio-/Ökolabel ausgezeichnet sind. Sie stellt somit die Basis für viele Ökolabels dar, ist jedoch nicht als Vorschlag eines integrativen Systems zu verstehen.

---

[1] Vgl. das Portal der Europäischen Union (http://europa.eu.int).

Ad ii) Das National Organic Program (NOP) des US Departments of Agricalture (USDA)[2] löste die bis ins Jahr 2000 existierende Bundesstaatenhoheit in den USA ab.[3] Die amerikanische „Öko-Verordnung" regelt ebenso Mindestanforderungen über Herstellung, Produktion und Verarbeitung von „biologischen" Rohstoffen/Produkten. Nach Auskunft der Organic Trade Association (OTA), einer amerikanischen Interessensvereinigung für biologische Landwirtschaft, gibt es neben der staatlichen Regelung zur Zeit nur einige wenige Zusatzanforderungen der verschiedenen Bundesstaaten, die jedoch nur als bedingt-ergänzende Anforderungen zum NOP zu sehen sind.

Ad iii) Mit dem Japanese Organic Standard[4] (JAS) of Organic Agricultural Products No. 59 und dem JAS of Organic Agricultural Products Processed Food No. 60 hat das japanische Landwirtschaftsministerium – Ministry of Agriculture, Forestry and Fishery – zwei Gesetze zur Regelung von Mindestanforderungen bezüglich der Herstellung, Produktion und Verarbeitung biologischer Rohstoffe und Produkte erlassen.

Ad iv) Auch die Food and Agriculture Organization of the United Nations (FAO) und die World Health Organization (WHO) der Vereinten Nationen haben sich mit dem Thema auseinandergesetzt, jedoch im Sinne einer Harmonisierung der vorhandenen Richtlinien, und den Codex Alimentarius[5] geschaffen. Dieser fungiert als mögliche Richtlinie für Mitgliedsstaaten und andere Drittländer und, in Anlehnung an die EU-Öko-Verordnung 2091/92 und das NOP, als kompilatorisches Werk bei der Schaffung von nationalen „Biostandards". Nationale Reglementierungen und deren Labels finden sich in Übersicht 2 des Anhangs.

Bei der Erstellung aller vorgenannten Regularien haben der Standard bzw. die Erfahrungen des Dachverbandes der Naturkostbranche der International Federation of Organic Agricultural Movement (IFOAM) eine entscheidende Rolle gespielt. Der Verband, in welchem ein Großteil aller Anbau-, Interessens- und Produktionsverbände Mitglied ist, beschäftigt sich seit vielen Jahren mit der Erforschung von Anbaumethoden, dem

---

[2] Vgl. US Department of Agriculture (USDA) www.usda.gov.
[3] Vgl. hierzu auch National Sustainable Agriculture Information Service – ATTRA www.attra.org.
[4] Gelesen auf den Seiten der USDA; im Original vgl. JASNET www.jasnet.or.jp.
[5] Vgl. Codex Alimentarius (www.codexalimentarius.net).

Aufstellen von biologischen Produktionsstandards sowie mit der Förderung der Branche und deren interner Zusammenarbeit.

Alle diese Regularien formulieren somit Grundanforderungen für die Bio-Branche, die die Basis für alle privat gesetzten und kontrollierten Standards darstellen. Jedoch ist zu konstatieren, dass diese staatliche (Japan, USA), internationale (UN) und supranationale Regelsetzung (EU) nicht integrativ angelegt ist, wie dies ein Wertemanagementsystem vorsieht.[6]

4.3 Managementsysteme von Verbänden

Der Ursprung für die Herausbildung der Naturkostbranche vor ca. 100 Jahren und die Entwicklung in den vergangenen Jahrzehnten ist – kursorisch ausgemacht – im Kern zwei Treibern geschuldet: Zum einen der persönlichen Motivation und der moralischen Aspiration einzelner Personen, die sich zum Teil bereits sehr frühzeitig mit nachhaltigen Anbaumethoden auseinandergesetzt haben. Zum anderen entwickelte sich in den vergangenen zwei Jahrzehnten in der Folge einer stetig steigenden Nachfrage nach biologischen Nahrungsmitteln ein neues Marktsegment und somit für Produzenten durch die strategische Positionierung in dieser Nische die Möglichkeit der Erzielung zusätzlicher Renten.

Es ist in den vergangenen Jahren – wie zuvor erwähnt – eine stetige Zunahme biologisch/bio-dynamisch anbauender Betriebe zu verzeichnen.[7] Zusammengeschlossen in Verbänden definieren Landwirte und Unternehmer zusammen mit Experten eigene Standards, nach denen sie produzieren. Alleine auf dem Kontinent Europa sind über 50 solcher Standards zu verzeichnen. Aber nicht nur aus Interesse, Überzeugung oder wegen der Differenzierungsmöglichkeiten, sondern auch weil sie für die Umstellung auf biologische Herstellung, Produktion und Verarbeitung staatliche Subventionen bekommen, haben Betriebe ihre Produktions- und Herstellungsverfahren umgestellt.[8]

---

[6] Zum Verständnis der integrativen Anforderungen siehe Kapitel II.
[7] Vgl. hierzu die Country Reports des Informationsportals Organic-Europe der Stiftung Ökologie & Landbau (SÖL) mit Unterstützung der EU-Kommission, Agriculture Directorate-General (www.organic-europe.net).
[8] Vgl. ebenda.

Als Ergebnis der Recherche können wir vorab konstatieren, dass diese Standards jedoch, verglichen mit dem Referenzstandard des ZfW, nur einen Teilbereich ganzheitlicher Wertemanagementsysteme erfüllen. So fokussieren die vorhandenen „Verbandssysteme" mit ihren kodifizierten Grundsätzen ausschließlich auf Handlungsmaßstäbe für Management und Mitarbeiter im Bereich der Produktion (Sicherstellung einer standardisierter Qualität der Güter). Genauer gesagt, definieren sie Anbauvorschriften für die organische Landwirtschaft. Nachhaltiges Handeln bezieht sich hier auf den Einsatz biologischer Zusatzstoffe und den Verzicht auf ihre chemischen Pendants zur Schaffung ernährungsphysiologisch wertvoller Produkte und eines intakteren Naturkreislaufes. Unberührt davon bleiben jedoch Austauschbeziehungen zu anderen relevanten Stakeholdern und die Anwendung von Nachhaltigkeitskriterien innerhalb der gesamten Wertschöpfungskette. Als Konsequenz aus dieser Tatsache werden die Systeme in der Übersicht 3 des Anhangs daher auch nur als „Instrument für Teilbereich" bezeichnet. Wie bereits angedeutet, entwickelten sich diese Standards aus dem Antrieb einiger Pioniere und dem sich herausbildenden Marktpotential für biologisch erzeugte Nahrungsmittel. Diese Standards werden ohne Zweifel den Anforderungen der moralischen Grundausrichtung der Naturkostbranche gerecht, fokussieren dabei aber nur auf die Aspekte der Produktion. Und gerade hierin zeigen sich die Unterschiede zwischen den vorhandenen Systemen und ganzheitlichen Wertemanagementsystemen, die eben unter anderem auch moralische Ansprüche über die ganze Wertschöpfungskette hinweg in den Austauschbeziehungen zu relevanten Stakeholdern berücksichtigen (vgl. hierzu die Ausführungen unter Punkt II).

Einzig die bio-dynamische Produktionsweise hebt sich hier von den gängigen organischen Anbauverfahren insofern ab, als dass ihre Anhänger „nicht alleine die konkreten materiellen Substanzen, die physischen Kräfte der Natur im Blick haben, sondern auch die gestaltenden Kräfte des Kosmos".[9] Damit schafft die bio-dynamische Philosophie der Landwirtschaft sicherlich eine Wertebasis für das tägliche Handeln, kodifiziert in ihrem Programm jedoch keine Handlungsmaßstäbe für die Austauschbeziehungen zu bedeutsamen Stakeholdern und die Aktivitäten entlang der gesamten Wertschöpfungskette (vgl. die Anforderungen des WMS unter Punkt II).

---

[9] Vgl. hierzu Demeter-Bund e.V. (www.demeter.de).

Daher ist hier festzuhalten, dass diese (von Anbauverbänden) kodifizierten Werte nur der ersten und zweiten Stufe der vier Prozessstufen des Referenzstandards entsprechen (vgl. hierzu die Abbildung 6 unter dem Punkt II „Die vier Prozessstufen des WerteManagementSystems"). Innerhalb dieser ersten Stufe (Kodifizierung) werden jedoch lediglich Leistungswerte hinsichtlich Qualität, Leistungsbereitschaft und Nutzen bei Verbänden der Naturkostbranche definiert; die drei weiteren Werteklassen des Wertevierecks bleiben dagegen unberücksichtigt. In der zweiten Prozessstufe spielen die kodifizierten Werte der Anbauverbände insofern eine Rolle, als dass sie für den Bereich der Produktion/Herstellung von „Bio-Produkten" Relevanz besitzen und damit eine Prozessierung erfahren. Sie finden auf diese Weise nur in der Kundenbeziehung Berücksichtigung, haben jedoch keinen Einfluss auf Austauschbeziehungen mit weiteren relevanten Stakeholdern (wie Lieferanten, Mitarbeiter, Kapitaleigner und andere wirtschaftliche und gesellschaftliche Gruppen). Die uns zugänglichen Informationsquellen einiger Verbände (z.B. www.bioacker frucht.at) thematisieren die Bedeutung gesellschaftlichen Engagements, scheinen dies aber nicht im Sinne einer Prozessierung/ Instrumentierung des Referenzstandards umzusetzen.

Nach Abschluss der Studie erweiterte der Naturland e. V. seine Richtlinien um sog. „Sozialrichtlinien". Diese Richtlinie, die ferner verbindlich für die Mitglieder abgeprüft wird, enthält u.a. Vorgaben über Arbeitsverhältnissen, Gleichbehandlungsgrundsätzen, Menschenrechten, Zwangsarbeit und Kinderarbeit. Grundlage dafür sind international anerkannte Konventionen wie z.B. die der Vereinten Nationen bzgl. Menschenrechte und der International Labour Organisation (ILO). Auch wenn wir diese Richtlinie in der vorliegender Form als bislang singulär bezeichnen, scheint sich abzuzeichnen, dass die „ganzheitliche" Ausrichtung der Naturkostbranche nicht nur auf Produktionsstandards beschränkt bleibt, sondern sich sukzessive auf alle Bereiche des täglichen Wirtschaftens und die dadurch berührten Interessensgruppen ausdehnt.[10]

Bei näherer Betrachtung ist zu konstatieren, dass die Naturkostbranche die Thematik Ethikmanagement nicht gänzlich außer Sicht lässt. Einige Verbände sind wiederum Mitglieder in sog. Ethikverbänden. Exemplarisch sei hier das Instituto per la certificazione Etica e Ambientale (ICEA) in Italien genannt, das seine Mission u.a. wie folgt beschreibt:

---

[10] Vgl. hierzu die Meldungen unter www.naturland.de und www.naturkost.de.

"Ethical and environmental certification: a requirement that grows and makes enterprises grow".[11] ICEA zertifiziert nach fremden und eigenen Standards und ist Mitglied im Ethical Work Network[12], einem Netzwerk, das sich mit Corporate Social Responsibility (CSR) und SA8000 auseinandersetzt. Allerdings bietet das ICEA kein WMS mit Kombination der zwei Themenstellungen („Wirtschaftsethik" und „Naturkostbranche") an.

Des Weiteren wurden auch diverse Ethikverbände wie Food Ethics Council und Ethical Trade Initiative (ETI) hinsichtlich der spezifischen Anforderungen untersucht, aber auch hier zeigte sich auf der einen Seite oft schon eine Beschränkung des vorhanden Managementsysteme. Die ETI begrenzt zum Beispiel das Anwendungsgebiet von ethischem Handeln auf Entlohnungskriterien in einer Firma und ihrer Supply Chain (Lieferantenkette). Auf ihrer Homepage führt die Ethical Trade Initiative (ETI)[13] ihren ethischen Ansatz wie folgt auf: „Ethical trade means different things to different people. In particular, one people refer to „ethical trade" as an umbrella term for all types of business practices that promote more socially and/or environmentally responsible trade. Other use the term in a much narrower sense referring specifically to the labour practices in a company supply chain. For ETI, and throughout this Website, we use the term „ethical trade" in the narrower sense. For us, ethical trade – or ethical sourcing – means the assumption of responsibility by a company for the labour and human rights practices within its supply chain." Auf der anderen Seite wird Wirtschaftsethik nicht im speziellen Anwendungskontext der Naturkostbranche, sondern in dem generellen Kontext allgemeinen Wirtschaftens thematisiert.

Die Organic Trade Organization (OTA), eine große amerikanische Anbauvereinigung, die im Rahmen der Recherche als einzige Vereinigung in den USA auszumachen war, korrigierte in einem Interview die auf der Homepage vorzu-findenden Informationen.[14] Der OTA-Standard ist nicht im Sinne eines Anbauvereinigungsstandards zu verstehen, sondern vielmehr als Richtlinie für Mitglieder und Interessierte – und bleibt daher ohne jegliche Zertifizierung und Label. Insofern relativiert sich auch der dort aufgeführte Code of Ethics für die OTA-Mitglieder, da

---

[11] Vgl. Instituto per la certificazione Etica e Ambientale (ICEA) www.icea.info.
[12] Vgl. Ethical Work Network (www.lavoroetico.it).
[13] Vgl. hierzu Ethical Trade Initative (ETI) www.ethicaltrade.org.
[14] Vgl. Organic Trade Organization www.ota.com.

diesem eine unvollständige Wertebasis (in dem Verständnis des Referenzstandards) zugrunde liegt und darüber hinaus keine zusätzlichen Angaben über dessen Relevanz für den Geschäftsalltag (Kommunikation), über die Evaluierung und Kontrolle (Implementierung) und letztlich die Organisation gemacht werden. Des Weiteren bestätigte sich das in Europa beobachtete Bild über Managementsysteme auch in den USA, was zusätzlich durch das Fehlen privater Standards bekräftigt wird.

Die International Organization of Organic Agricultural Movement (IFOAM) setzt sich ebenfalls mit dem Thema des nachhaltigen Wirtschaftens im Bezug zu relevanten Stakeholdern und der Unternehmensumwelt auseinander. Ein „Code of Conduct for Organic Trade" kodifiziert mehrere Werte, die für das tägliche Handeln von Interesse sein können. Die IFOAM gibt mit dem „Code of Conduct for Organic Trading Guidance Document" auch Hinweise für die Implementierung der Werte. Diese Aktivitäten der IFOAM sind als Bemühungen für nachhaltige Geschäftsaktivitäten zu verstehen, die im Sinne der organischen Landwirtschaft ganzheitliche Konzepte vertreten. Jedoch sind diese Dokumente noch keine offiziellen Dokumente der IFOAM und somit noch nicht an ihre organischen Produktionsstandards gebunden. Die IFOAM führt die Dokumente auf ihrer Homepage mit folgendem Hinweis auf: „Following the trial process the IFOAM Board will decide whether the Code will become an official IFOAM document as well as a proper procedure for an approval process."[15] Somit ist auch hier zu konstatieren, dass es sich im Vergleich zu dem Referenzstandard um Aktivitäten handelt, die der Kodifizierung (Stufe eins innerhalb der vier Prozessstufen des WMS^{ZfW}) entspricht. Hinweise zu einer möglichen Umsetzung der niedergelegten Werte werden in dem „Guidance Document" gemacht. So bleibt festzuhalten, dass sich die IFOAM mit dem Thema Wertemanagementsysteme und organische Landwirtschaft auseinandersetzt, ein Werteprogramm aber noch nicht offizieller Bestandteil der IFOAM-Richtlinien ist.

Der Übersicht 3 des Anhangs können alle identifizierten WMS von Verbänden/Interessensvereinigungen der Naturkostbranche entnommen werden. Leider war es aufgrund von Sprachbarrieren sowie fehlenden Informationen nicht möglich, alle potentiellen Systeme zu bewerten und aufzunehmen (verstärkt in Ost- und Südeuropa).

---

[15] Vgl. hierzu IFOAM www.ifoam.org.

4.4 Managementsysteme in Unternehmen

Die untersuchten Unternehmen zeigten zum Teil sehr aufschlussreiche Ansätze zum Management von Ethik und Werten, angefangen bei der Verwendung von Verbandsstandards über die Einführung eigener Standards und ganzer WMS bis hin zur Gründung selbstständiger Non-Profit-Organisationen.

Das Gros der begutachteten Unternehmen ist Mitglied in Interessenvereinigungen/Verbänden und produziert nach den dort definierten Standards. Viele dieser Betriebe verfügen über kein umfassendes Wertemanagementsystem im Sinne des Referenzstandards (zumindest nach den uns erhebbaren/recherchierbaren Informationen), sondern beziehen sich vielmehr auf die Verbandsstandards, die den Fokus auf die Herstellung, Produktion und Verarbeitung biologischer Güter setzen.[16] Aufgefallen sind die Aktivitäten und Werteprogramme von einigen Unternehmen, von denen hier exemplarisch einzelne aufgeführt werden. Dargestellt werden solche Unternehmen und deren Aktivitäten, die in exemplarischer Weise verdeutlichen, in welch unterschiedlicher Weise mit den Anforderungen aus der Produktion biologischer Güter umgegangen werden kann. Hinsichtlich des Auswahlkriteriums wurden hauptsächlich solche Unternehmen untersucht, die eine Rolle als „Key Player" einnehmen oder eine Relevanz im Sinne einer Best Practice besitzen. Selbstverständlich stehen die nachfolgenden Aussagen unter dem Vorbehalt, dass die Informationen lediglich über öffentlich zugängliche Publikationen erhoben werden konnten. Eingegangen wird auf die Situation bei i) konventionellen Lebensmittelhandelsunternehmen die Naturkostprodukte führen und ii) produzierenden Unternehmungen.

Ad i) Erwähnenswert erscheint das Verhalten schweizerischer Handelsunternehmen. Dem Anschein nach verfügt die Migros AG, aus-

---

[16] Exemplarisch seien hier Unternehmen genannt, die zum Teil über Leitbilder und/oder Unternehmensphilosophie verfügen, im Sinne der vier Prozessstufen des WerteManagementSystems nur die erste Prozessstufe (Kodifizierung) berücksichtigen. Vgl. hierzu z. B. Biokorntakt (www.biokorntakt.de), Söbbeke (www.soebbeke. de), Flemming/Bioborn (www.flemming-naturkost.de), Heuschrecke (www. heuschrecke.com), Chiemgauer Naturfleisch (www.chiemgauer-naturfleisch.de), Rapunzel (www.ra-punzel.de), Dennree (www.dennree.de). Vgl. hierzu auch Eosta (www.eosta.com), die neben ökonomischer und ökologischer auch ihre ethisch-soziale Ausrichtung betonen.

gehend von einer Kurzanalyse öffentlich zugänglicher Informationen[17], über ein umfassendes Werteprogramm.[18] Zum Ausdruck kommt diese kodifizierte Wertebasis, die als Handlungsmaßstab für die Austauschbeziehungen zu relevanten Stakeholdern dient, auch schon in den von den Gründern Gottlieb und Adele Duttweiler formulierten ursprünglichen 15 Thesen. Die Migros AG ergänzte diese um weitere Firmenrichtlinien und kombiniert diese Grundsätze mit der moralischen Grundausrichtung und Anforderung des biologischen Marktes oder dem fairen Handel. Sie entwickelte ferner eigene Richtlinien zur Herstellung, Produktion und Verarbeitung von biologischen Gütern, wie z.B. die „7-Punkte-Fleisch-Garantie" oder „bio-Migros". Durch die Ergänzung ihres Werteprogramms mit Richtlinien für biologische Güter schaffte die Migros AG auch den Brückenschlag zwischen den Anforderungen der Naturkostbranche und dem Gebiet des Managements von Ethik und Werten.

Ebenso verfügt die United Natural Foods Inc.[19] (UNFI), einer der führenden Lieferanten von naturbelassenen und organischen Lebensmitteln (so die Selbstbeschreibung), über ein ausgeprägtes Werteprogramm. Ausführlich beschrieben werden bei UNFI die Corporate Governance-Mechanismen. Aufgeführt werden die Unternehmenswerte, Maßnahmen ihrer Umsetzung im Alltag (gerade in Bezug auf Mitarbeiter/Vorgesetzte) sowie Aspekte der Einhaltung bzw. Berücksichtigung der Unternehmenswerte innerhalb von Unternehmensprozessen. Auch wird die glaubwürdige Auseinandersetzung mit dem Thema Wertemanagement/Corporate Governance bzw. dessen Organisation durch die Einrichtung eines Audit Committee und eines Nominating and Governance Committee ersichtlich. So verfügt die UNFI über ein Werteprogramm, das scheinbar viele Analogien mit dem Referenzstandard besitzt.

Ähnlich gestaltet sich der Sachverhalt bei der Firma Whole Foods Market Inc. (WFM)[20] in den USA. Einer der führenden Händler für naturbelassene und organische Produkte (laut Selbstbeschreibung; ver-

---

[17] Vgl. Migros AG (www.migros.ch).
[18] Die Analyse öffentlich-zugänglicher Informationen legt nahe, dass zwischen dem Werteprogramm der Migros AG und dem Referenzstandard (WMS^{ZfW}) sehr viele Analogien existieren und deshalb von einem umfassenden Werteprogramm gesprochen werden kann. Zu den Anforderungen hinsichtlich Kodifizierung und Instrumentierung vgl. Kapitel II.
[19] Vgl. United Natural Foods Inc. (www.unfi.com).
[20] Vgl. Whole Foods Market Inc. (www.wholefoods.com).

trieben werden auch Eigenmarken), der im Sinne der Bio-/Naturkostbranche für ein ganzheitliches Konzept eintritt. So werden neben den kodifizierten Werten und deren Relevanz innerhalb des täglichen Geschäftsalltags auch ganz deutlich die Instrumente im Sinne der Implementierung eines Wertemanagementsystems (Schwerpunkt: Compliance) aufgezeigt. In diesem Kontext gibt WFM, als Anhang zum Code of Conduct, eine „Disclosure Information Checklist", eine „Conflict of Interest Checklist" sowie eine „Ad Hoc Approval and Reporting Form" heraus, die vom Vorstand sowie vom nationalen Führungsteam von Whole Foods Market jährlich auszufüllen sind. Ebenso wird das Thema „Ethics" bei WFM zu einer zentralen Aufgabe, was sich an der Existenz eines Ethics Officers festmachen lässt.

So ist zu konstatieren, dass bei den zuvor aufgeführten amerikanischen Unternehmen ein sehr ausgeprägtes Verständnis für das Thema Wertemanagement im Sinne des Referenzstandards des Zentrums für Wirtschaftsethik herrscht. Neben den aufgeführten Aktivitäten engagieren sich die Unternehmen – von FairTraide über nachhaltige Fischfangmethoden bis hin zur Förderung der gesellschaftlichen Bildung[21] – im Verständnis von Corporate Citizenship. Nach den uns vorliegenden Unterlagen vereinen United Natural Foods und Whole Foods Market die Aspekte der Biobranche sowie die des Managements von Ethik und Werten somit vorbildlich.

Die britische Firma Tesco Ltd.[22] ist eine der führenden Großhandelsketten in England (tätig in Europa und Asien), die neben Food- und Non-Food-Produkten auch ökologische Lebensmittel anbietet. Tesco Ltd. verfügt, nach Informationen ihrer Homepage, über ein umfassendes und nachhaltiges Werteprogramm. Neben kodifizierten Unternehmenswerten sowie Ausführungen zu deren Bedeutung für den Geschäftsalltag führt Tesco auch ihr Engagement bei der Implementierung dieser Werte auf. Tesco verfügt u.a. über ein Corporate Responsibility and Compliance Committe, das anhand von Risk Management Policies interne Prozesse und Management des Unternehmens nach definierten Richtlinien überprüft. In Zusammenarbeit mit der Ethical Trade Initative (ETI) werden aber auch die von Tesco definierten Ansprüche auf die gesamte Supply Chain (Lieferantenkette) übertragen. Dabei beschränkt sich das Engage-

---

[21] Vgl. hierzu deren Homepages (www.wholefoods.com; www.unfi.com)
[22] Vgl. hierzu Tesco Ltd. (www.tesco.com).

ment von Tesco nicht nur auf die Überprüfung, sondern umfasst auch die Heranführung und Ausbildung der Lieferanten an Tescos Standards. Neben den enormen Anstrengungen im Bereich Corporate Governance/ Responsibility engagiert Tesco sich in der Gesellschaft mit zahlreichen Aktivitäten in Sozial- und Umweltprojekten. Verglichen mit dem Referenzstandard vereint Tesco Ltd., entsprechend der vorhandenen Informationen, das Management von Ethik und Werten mit den Anforderungen der Naturkostbranche sehr vorbildlich. So lassen sich zu allen Bereichen der vier Prozessstufen des Referenzstandards Aktivitäten bei Tesco finden.

Im Rahmen dieser Recherche wurden Unternehmen der Lebensmittelindustrie (die Relevanz auf dem Lebensmittelmarkt besitzen) ebenfalls hinsichtlich ihrer Aktivitäten bezüglich des Managements von Werten und Ethik sowie der Erschließung des Naturkostsegmentes untersucht.

Die Wal-Mart Stores Inc. in den USA hat ein solches Werteprogramm. Governance Documents, Statement of Ethics und ein detaillierter Supplier Standard sind öffentlich zugänglich und transparent aufbereitet. So werden in dem Supplier Standard detailliert das Lieferantenmanagement, die Prüfungsabläufe und ihre Anforderungen sowie Sanktionen entlang der ganzen Wertschöpfungskette beschrieben. Aber auch hier waren keine zusätzlichen Informationen über spezielle Anforderungen der Naturkostbranche vorhanden. Einzig und allein im Statement of Ethics werden unter dem Punkt „Environmental Health and Safety" die Anforderungen bezüglich der Umwelt wie folgt aufgeführt: „Wal-Mart is committed to the health, safety and the protection of the environment and to conducting our business in compliance with all environmental health and safety laws...".[23] Diese Vorschrift macht zu dem Umgang mit biologischen Gütern bei der Wal-Mart Stores Inc. keine eindeutige Aussage.

An dieser Stelle der Untersuchung wollen wir auf eine Entwicklung im Bereich des konventionellen Lebensmittelhandels hinweisen, die sich kurz nach Abschluss der Studie ergeben hat: So beabsichtigt die zweitgrößte deutsche Handelsmarke „REWE", Bio-Supermärkte zu eröffnen und somit in den Sektor des klassischen Bio-Lebensmittelhandels einzudringen. Es zeigt sich hierbei, dass konventionelle Handelsunternehmen der Lebensmittelbranche den „ökologischen Lebensmittelmarkt" als

---

[23] Vgl. Wal-Mart Stores Inc. 2004 (www.walmart.com).

strategische Option mit Wachstumspotential betrachten.²⁴ Wir vermuten stark, dass es in Folge für den tradierten Bio-Lebensmittelerzeuger umso dringlicher sein wird, sich über integrierte Wertestandards zu differenzieren, wollen sie nicht in den Preiswettbewerb mit diesen Wettbewerbern geraten.²⁵

Ad ii) Im Bereich der produzierenden Unternehmen ist die Firma Unilever N.V. ebenfalls erwähnenswert. In ihrem „Code of business principles" beschreibt sie die Aspekte ihres Werteprogramms. Neben dem sozialen Engagement geht Unilever noch einen Schritt weiter. Gemeinsam mit dem World Wildlife Fund (WWF) gründete Unilever den Marine Stewardship Council (MSC). Der MSC setzt sich aktiv mit der Problematik der überfischten Weltmeere auseinander. Er entwickelt nachhaltige Fangmethoden und einen Standard, der das unnötige Sterben von Fischen, die nicht als Speisefische verwendet werden, in den Netzen der Fischereibetriebe sehr stark minimiert. Betriebe können freiwillig ihre Fangmethoden umstellen und sich vom MSC zertifizieren lassen. Das weltweit bekannte MSC-Logo und dessen Richtlinie ist bei Unilever gleichzeitig Voraussetzung für seine Lieferantenbeziehungen bei der Fischproduktion. Unilever setzt sich selber das Ziel, bis 2005 einhundert Prozent des zu beziehenden Fisches nur noch von zertifizierten Fangbetrieben abzunehmen.²⁶

Ebenfalls sehr engagiert stellt sich die Chiquita Brands International Inc. dar. Das Werteprogramm sowie die Aktivitäten hinsichtlich Chiquitas Corporate Responsibility²⁷ werden detailliert aufgezeigt. Das Unternehmen setzt sich entlang der Wertschöpfungskette für eine faire und gerechte Entlohnung ein, wobei Chiquita mittlerweile 100 Prozent seiner eigenen Farmen entsprechend den „social and environmental standards" der Rainforest Alliance²⁸ bewirtschaftet. Diese Standards beziehen sich auf „sustainable agriculture". Diese Definition der nachhaltigen Landwirtschaft stimmt jedoch nicht mit der in der Einleitung aufgeführten Definition der Europäischen Kommission über ökologischen Landbau überein. Es geht hier vielmehr um eine umfassend ausgeglichene und faire

---

²⁴ Vgl. hierzu die Meldungen auf www.oekolandbau.de vom 16. Feb. 05 und Handelsblatt (www.handelsblatt.de) vom 21. Feb. 05.
²⁵ Vgl. zu diesem Argument Wieland/Fürst (2005).
²⁶ Vgl. Unilever N.V. 2003 (www.unilever.com).
²⁷ Vgl. Chiquita Brands International Inc. (www.chiquita.com).
²⁸ Vgl. Rainforest Alliance (www.rainforest-alliance.org).

Bewirtschaftung der Anbauflächen, aber nicht um den vollständigen Verzicht auf chemische Zusatzstoffe in der Produktion. So sind die vorhandenen Systeme von Chiquita Brands International Inc. sehr gut ausgearbeitet im Sinne eines umfassenden Werteprogramms, kombinieren jedoch die strengen Anforderungen der Naturkostbranche nicht mit dem Management von Ethik und Werten.

5 Zusammenfassung

Abschließend sollen die wichtigsten Ergebnisse der Recherche zusammengefasst und nochmals einer Bewertung zugeführt werden.

Als Haupterkenntnis[1] bleibt festzuhalten, dass es i) grundlegende Unterschiede zwischen den in der Naturkostbranche verbindlichen Produktionsstandards und dem Referenzstandard des ZfW gibt und dass ii) einige Unternehmen dem Referenzstandard vergleichbare Werteprogramme besitzen und zusätzlich Richtlinien für biologische Güter geschaffen haben. Diese Unternehmen haben somit einen Nexus zwischen den Anforderungen der Naturkostbranche und dem Gebiet des Managements von Werten und Ethik geschaffen.

Ad i) Im Laufe der Untersuchung wurde zunehmend deutlich, dass die meisten kodifizierten Grundwerte innerhalb der Naturkostbranche als Handlungsmaßstäbe für Management und Mitarbeiter mit Fokus auf die Herstellung, Produktion und Verarbeitung von biologischen Gütern zu verstehen sind. Entstanden sind Managementsysteme, die sich im Vergleich mit dem Referenzstandard des ZfW nur auf den Teilbereich der Produktion und nicht auf alle Austauschbeziehungen mit relevanten Stakeholdern bzw. auf die gesamte Wertschöpfungskette beziehen. Dieser Teilbereich definiert ausschließlich Anbauvorschriften für die ökologische Landwirtschaft. Im Laufe der 1990er Jahre haben die Staaten bzw. Staatenvereinigungen aufgrund einer Vielzahl vorhandener „Bio-Standards" mit dem Erlass so genannter „Öko-Verordnungen" staatliche Mindestanforderungen geschaffen. Sichergestellt ist durch die gesetzlichen Mindestanforderungen und die zusätzlichen freiwilligen Produktionsrestriktionen (Selbstbindung) auf jeden Fall, dass der moralischen Grundausrichtung sowie den Anforderungen der Naturkostbranche Rechnung getragen wird. Im Vergleich zu dem Referenzstandard handelt es sich dabei jedoch lediglich um die Kodifizierung von Werten (im Sinne der ersten Prozessstufe), die Einfluss auf die zweite Prozessstufe (Kommunikation – Integration in das operative Geschäft) haben. Jedoch zeigte sich, dass die Kodifizierung von Werten bzgl. Qualität und Leistungsbereitschaft (biologische Produktionsstandards) nur einen indirekten Ein-

---

[1] Auf die zu Beginn gestellte Frage, die Hintergrund und Ausgangspunkt für die Untersuchung bildet: Wie gehen die Unternehmen der Naturkostbranche mit der moralischen Grundausrichtung um, die sich aus der Herstellung biologischer Güter ergibt?

fluss auf die Art und Weise der Produktion und die Produktionsverfahren hat. Die dritte und vierte Stufe findet, abgesehen von der Fokussierung der Werte auf Qualität und Leistungsbereitschaft in den ersten zwei Prozessstufen, keine Berücksichtigung.

Ad ii) Des Weiteren gibt es aber auch Unternehmen, die neben einem dem Referenzstandard sehr ähnlichen Wertemanagementsystem Grundwerte schaffen, die als Handlungsmaßstab für die Austauschbeziehungen mit relevanten Stakeholdern dienen. Diese Unternehmen zeigen zusätzlich zu den kodifizierten Unternehmenswerten auch deren Relevanz im Geschäftsalltag. Vorgestellt wurden Instrumente der Implementierung und ihre Berücksichtigung innerhalb der Organisation. Mit den vorgestellten Ansätzen werden (den Anforderungen der Naturkostbranche entsprechend) ganzheitliche und nachhaltige Werteprogramme geschaffen, die Berücksichtigung in der Managementpraxis der Unternehmen finden. Sie schlagen damit den Bogen zwischen der moralischen Grundausrichtung der Naturkostbranche und dem Management von Ethik und Werten. Allerdings handelt es sich dabei nach unserem Wissen nicht um standardisierte Wertemanagementsysteme, sondern vielmehr um firmeninterne Entwicklungen.

Quellen- und Literaturverzeichnis

Biokorntakt (www.biokorntakt.de)
Chiemgauer Naturfleisch (www.chiemgauer-naturfleisch.de)
Chiquita Brands International Inc. (www.chiquita.com)
Das Portal der Europäischen Union (www.europa.eu.int)
DEMETER BUND E.V. (WWW.DEMETER.DE)
Denree (www.denree.de)
Eosta (www.eosta.com)
Ethical Trade Initative ETI (www.ehticaltrade.org)
Europäische Kommission /Portal der Europäischen Union (http://europa.eu.int)
Flemming/Broborn (www.flemming-naturkost.de)
Heuschrecke (www.heuschrecke.com)
Instituto per la certificazione Etica e Ambientale – ICEA (www.icea.info)
International Federation of Organic Agricultural Movement – IFOAM (www.ifoam.org)
Japanese Agriculture Service (www.jasnet.or.jp)
Migros AG (www.migros.ch)
National Sustainable Agriculture Information Service (www.attra.org)
Naturkost (www.naturkost.de)
Naturland e. V. (www.naturland.de)
Organic Europe (www.organic-europe.net)
Organic Trade Organization OTA (www.ota.com)
Rainforest Allicance (www.rainforestalliance.org)
Rapunzel (www.rapunzel.de)
Söbbeke (www.soebbeke.de)
Tesco Ltd. (www.tesco.com)
The Codex Alimentarius Site (www.codexalimentarius.net)
Unilever N.V. (2003): Enivronmental report. Rotterdam (http://www.univlever.com/Images/environmental_report_2003.pdf)
United Natural Foods Inc. (www.unfi.com)

Wal-Mart Stores Inc. (2004): Statement of Ethics (Number PD-10). Bentonville (http://media.corporate-ir.net/media_files/IROL/11/112761/corpgov/ethics1.pdf)

Whole Foods Market Inc. (www.wholefoods.com)

Wieland, J. (2004): Wozu Wertemanagement? Ein Leitfaden für die Praxis. In Wieland, J. (Hg.): Handbuch Wertemanagement. Hamburg: Murmann.

Wieland, J./Fürst, M. (2005): Moralische Güter und Wertemanagementsysteme in der Naturkostbranche. Gutachten zur vorliegenden Machbarkeitsstudie.

Anhang zu Teil B

Übersicht 1 – Bausteine und Prinzipien des WMS^{ZfW}

Übersicht 2 – Staatliche/internationale/supranationale Vorschriften

Übersicht 3 – Managementsysteme von Verbänden und Unternehmen im Überblick

Anhang zu Teil B

Übersicht 1 – Bausteine und Prinzipien des WMSZfW

WerteManagementSystem^{ZfW} (WMS^{ZfW})

Prinzipien und Bausteine für Nachhaltigkeit in der Unternehmensführung

– Leitfaden mit praktischen Beispielen –

Der Leitfaden zum WerteManagementSystem^{ZfW} (WMS^{ZfW}) enthält Erläuterungen zu dessen Prinzipien sowie Angaben über die grundlegenden Anforderungen (Mindestanforderungen) an seine Bausteine. Des Weiteren werden zu den einzelnen Bausteinen Beispiele aus der Unternehmenspraxis gegeben – zur Illustration und Anleitung i.S. einer „best practice".

Teil I: Prinzipien

*1. **Ziel**: Das Ziel des WMS^{ZfW} ist die nachhaltige Sicherung des Unternehmens in jedem Sinne des Wortes (juristisch, ökonomisch, ökologisch, gesellschaftlich).*

Erläuterung:
Die Unternehmenssicherung ist Ziel und Gegenstand des WMS^{ZfW}. Das schließt ein, dass die Interessen der Stakeholder der Unternehmen und Organisationen bei Entscheidungen berücksichtigt werden müssen. Im juristischen Sinn geht es beispielsweise um die Sicherung von Unternehmen und Organisationen durch die Aufrechterhaltung und Stärkung der unternehmerischen Integrität in allen Belangen des strategischen und operativen Geschäfts. Die wertegesteuerte Prävention ungesetzlicher und unfairer Geschäftspraktiken (Korruption, kartellrechtswidrige Absprachen, illegale Beschäftigung etc.) schützt dabei nicht nur vor kostspieligen Geldbußen und dem Verlust von Reputationskapital, sondern unterstützt zusätzlich die Aufrechterhaltung und Förderung der Leistungsorientierung von Führungskräften und Mitarbeitern als notwendigen unternehmenskulturellen Faktor. Schutz und Steigerung der nachhaltigen Wettbewerbsfähigkeit von Unternehmen und Organisationen sind dem-

nach auch abhängig vom Gelingen einer an fairem Wettbewerb orientierten Unternehmens- und Führungskultur. Die Einhaltung von Rechtsvorschriften ist daher für eine nachhaltige Unternehmenssicherung ebenso unabdingbar wie die Berücksichtigung ökologischer und gesellschaftlicher Belange. Die Integration all dieser Belange in einen systematischen Managementprozess sichert die Nachhaltigkeit des Unternehmenserfolges.

2. **Methode**: *Die wesentliche Methode des WMS^{ZfW} ist die Schaffung einer werteorientierten Organisations- und Verhaltenssteuerung durch Selbstverpflichtung und Selbstbindung. Das WMS^{ZfW} folgt damit dem Konzept einer werteorientierten Selbststeuerung. Ihre Glaubwürdigkeit basiert auf der transparenten und kontinuierlichen Kommunikation dieses Prozesses der Selbstbindung und deren einzelnen Schritte nach innen und außen.*

Erläuterung:
Mit der Methode der Schaffung einer werteorientierten Selbststeuerung durch Selbstverpflichtung und Selbstbindung ist die Perspektive des WMS^{ZfW} klar festgelegt. Es handelt sich um eine Richtschnur für die erfolgreiche Steuerung von Kooperationsbeziehungen mit allen Stakeholdern (Kunden, Lieferanten, Mitarbeiter, Kapitaleigner und andere wirtschaftliche und gesellschaftliche Gruppen). Selbstbindung und Selbstverpflichtung der Unternehmen und des Managements gehören zu den Grundprinzipien freier Marktwirtschaften. Sie sind kein Ersatz für eine staatliche Rahmenordnung, setzen indes den Staat in die Lage, sich auf die grundlegenden Aufgaben staatlicher Ordnungspolitik beschränken zu können und tragen damit dem Subsidiaritätsprinzip moderner Gesellschaften Rechnung.

3. **Werteorientierung**: *Moralische Werte, Kooperationswerte, Leistungswerte und Kommunikationswerte einer Organisation sind so aufeinander zu beziehen, dass sie dieser eine spezifische Identität und Orientierung für Entscheidungen liefern.*

Erläuterung:
Hintergrund der Werteorientierung ist die fundamentale Überzeugung, dass der Wert einer Organisation abhängt von ihren Werten. Ein unternehmerisches Wertemanagement dient dabei sowohl der Entwicklung und Förderung einer spezifischen Unternehmensidentität als auch als

Handlungsorientierung für schwierige Entscheidungen im unternehmerischen Alltag. Dieser hohe Anspruch kann praktisch nur eingelöst werden, wenn moralische Werte (z.b. Integrität, Fairness, Ehrlichkeit, Vertragstreue, Verantwortung), Kooperationswerte (z.b. Loyalität, Teamgeist, Konfliktfähigkeit, Offenheit), Leistungswerte (z.b. Nutzen, Kompetenz, Leistungsbereitschaft, Flexibilität, Kreativität, Innovationsorientierung, Qualität) und Kommunikationswerte (z.b. Achtung, Zugehörigkeit, Offenheit, Transparenz, Verständigung) konsistent aufeinander abgestimmt sind und sich an der Unternehmensrealität orientieren. Die Unternehmenswerte dürfen sich weder wechselseitig widersprechen, noch dürfen den Stakeholdern damit – sozusagen an der Realität des Geschäftsalltags vorbei – nicht einlösbare Versprechen gegeben werden. So können die Grundwerte eines Unternehmens Führungskräften, Mitarbeitern und unternehmensexternen Stakeholdern gegenüber glaubwürdig kommuniziert werden. Glaubwürdigkeit und moralische Reputation sind Voraussetzungen unternehmerischen Erfolges, sei es auf Kapitalmärkten, sei es im Wettbewerb um Kunden und Mitarbeiter.

*4. **Anwendungsbereiche**: Das WMS^{ZfW} bezieht sich prinzipiell auf alle relevanten Bereiche der Unternehmensführung. Dem spezifischen Charakter des jeweiligen Unternehmens entsprechend können einzelne Teilbereiche, wie z.b. Risikomanagement, Qualitätsmanagement, Personalmanagement, Umweltmanagements oder Corporate Citizenship von besonderem Gewicht sein.*

Erläuterung:
Die einzelnen Teilbereiche können folgende Aspekte umfassen:

Risikomanagement:	Betrug, Korruption, Preisabsprache, Partnerscreening
Qualitätsmanagement:	Produkt- und Produktionsqualität
Personalmanagement:	Personalauswahl, Fortbildung, Karriereplanung, Diversity, Arbeitnehmerrechte
Umweltmanagement:	Ökologische Produkt- und Produktionsverantwortung
Corporate Citizenship:	Bildungs- und Wissenschaftsförderung, Philanthropie, bürgerschaftliches Engagement, soziale Verantwortung

5. **Vollständigkeit:** *Das WMS^{ZfW} ist umfassend und integrativ anzulegen, sowohl im Hinblick auf jeden der Anwendungsbereiche als auch im Hinblick auf deren Zusammenspiel.*

Erläuterung:
Die umfassende Perspektive des Wertemanagements bedeutet, dass es keine Leitlinien und Verhaltens- und Verfahrensgrundsätze in einem Unternehmen oder in einem der Anwendungsbereiche geben darf, die nicht Bestandteil des WMS^{ZfW} sind. Für die Einführung und Implementierung heißt das, dass bestehende Leitlinien, Verhaltens- und Verfahrensgrundsätze ermittelt und in das WMS^{ZfW} integriert werden müssen.

Die integrative Perspektive des Wertemanagements ist notwendig, damit die Verhaltenssteuerung konsistent entlang der Werte des Unternehmens erfolgen kann. Sie soll davor schützen, dass die spezifischen Anforderungen von Bereichen und Abteilungen die Ausbildung und Wahrung der Corporate Identity behindern. Daher sind die relevanten Unternehmensprozesse, die durch Wertemanagement mitgesteuert werden, aufeinander abzustimmen. Nur so ist es möglich, Konsistenz und Eindeutigkeit der Grundwerte, Leitlinien, Verhaltens- und Verfahrensgrundsätze für unternehmerische Entscheidungen herzustellen und bei den Partnern des Unternehmens Vertrauenswürdigkeit in allen Belangen des strategischen und operativen Geschäfts zu erzeugen.

6. **Compliance- & Werteorientierung:** *Das WMS^{ZfW} folgt beiden Perspektiven. Compliance dient der Sicherstellung konformen Verhaltens und der formalen Implementierung und Durchsetzung der firmeneigenen Leitlinien und Verhaltens- und Verfahrensgrundsätze. Legalität und Konformität sind daher ihre bestimmenden Merkmale. Werte bestimmen die Identität der Organisation und den Geist des Handelns, vor allem in formal nicht geregelten Bereichen und Grauzonen. Identifikation und Orientierung sind daher ihre Merkmale.*

Erläuterung:
Wertemanagement-Systeme, die nur rechtsorientiert sind, scheitern an ihrer mangelnden Überzeugungskraft; Wertemanagement-Systeme, die nur werteorientiert sind, an ihrer mangelnden Operationalisierung. „Doing the right things" und „doing things right" bilden eine Einheit. Die Charakteristik von Compliance ist dabei bestimmt durch Legalität und Konformität, d.h. durch die Einhaltung von externen Regeln und Normen (Gesetze) durch das Management und die Mitarbeiter eines Unterneh-

mens. Für die nachhaltige Sicherstellung rechtsförmigen unternehmerischen Verhaltens ist die Implementierung entsprechender Leitlinien, Verhaltens- und Verfahrensgrundsätze unabdingbare Voraussetzung. Nur so kann bei Führungskräften und Mitarbeitern nachhaltig Transparenz über die geltenden gesetzlichen Vorschriften erzeugt werden. Die Charakteristik von unternehmerischen Grundwerten ist dagegen bestimmt durch Identität und Orientierung, die sich in der Formulierung firmeneigener Grundwerte, Leitlinien, Verhaltens- und Verfahrensgrundsätze ausdrückt. Die Verbindung mit der Strategie, Struktur und Kultur des Unternehmens fördert den Bezug zum Unternehmensalltag, steigert dadurch die Motivation ihrer Einhaltung und kann so zur Lösung von Konfliktsituationen, auch in nicht formal regulierbaren Bereichen und Grauzonen, beitragen.

7. *Entwicklungsorientierung: Wer das WMS^{ZfW} betreibt, beginnt einen permanenten Entwicklungsprozess, der nicht auf das Gute, sondern sukzessiv auf das Bessere zielt. Kriterien dafür sind das jeweilige Recht, die Werte der Gesellschaft und die Leitlinien und Verhaltens- und Verfahrensgrundsätze einer Organisation.*

Erläuterung:
Das WMS^{ZfW} verfolgt nicht die Lieferung eines genau definierten Ergebnisses in einem genau definierten Zeitraum. Es zielt auch nicht auf perfekte Zustände. Vielmehr ist der Prozesscharakter des WMS^{ZfW} die entscheidende Voraussetzung für seinen dauerhaften Erfolg. Das WMS^{ZfW} kann weder die Wirtschaft als Ganzes direkt ändern, noch das Umfeld von Unternehmen auf unmittelbarem Wege neu gestalten. Selbstbindung und Selbststeuerung durch das WMS^{ZfW} haben damit den Charakter eines permanenten Entwicklungsprozesses. Unternehmen und Organisationen, die das WMS^{ZfW} implementieren, beschreiben daher die Art und Weise, wie sie ihre Geschäfte abwickeln wollen. Das schließt ein, dass in manchen Bereichen nicht alle Ziele auf einmal erreicht werden können, sondern eine gezielte und sukzessive Veränderung der Handlungsbedingungen, der eigenen Handlungsweisen und des Verhaltens der Kooperationspartner angestrebt wird.

8. *Nachhaltige Wirksamkeit: Führungskräfte und Mitarbeiter müssen die Kompetenz entwickeln, wertesensible Problemstellungen selbst zu erkennen, zu akzeptieren und zu bearbeiten. Sowohl für die externe als auch für die interne Beratung solcher Prozesse gilt das Prinzip des Coachings. Die beteiligten Personen sind dafür zu gewinnen, ihr Ver-*

halten und das ihrer jeweiligen Unternehmenseinheit dauerhaft zu verändern.

Erläuterung:
Die nachhaltige Wirksamkeit des WMS^{ZfW} kann nur durch die verbindliche Verpflichtung des Top-Managements, der Führungskräfte und Mitarbeiter gelingen. Das WMS^{ZfW} muss ein Prozess des Unternehmens sein, der hohe Priorität und permanente Aufmerksamkeit in der Organisation genießt. Dies erfordert, dass bei der internen oder externen Implementierungsunterstützung auf das Konzept des Coachings zurückgegriffen wird, um bei Individuen und ihren jeweiligen Unternehmenseinheiten tatsächliche Verhaltensänderungen entlang der Grundwerte, Leitlinien, Verhaltens- und Verfahrensgrundsätze zu erzeugen. Nur so ist die nachhaltige Wirksamkeit des WMS^{ZfW} zu sichern und abzugrenzen gegen kurzfristigen Aktionismus oder Delegation in professionelle Kontexte.

9. *Top Management-Verantwortung: Die Verantwortung für das WMS^{ZfW} liegt bei der Unternehmensleitung. Sie ist insbesondere verantwortlich für eine kontinuierliche Kommunikation der Grundwerte und Leitlinien nach innen und außen sowie für die Überwachung der Implementierung und Umsetzung des WMS^{ZfW}.*

Erläuterung:
Ernsthaftigkeit und Glaubwürdigkeit des WMS^{ZfW} kann nur erreicht werden, wenn die Implementierung, Umsetzung und öffentliche Kommunikation zur „Chefsache" gemacht wird. Die kontinuierliche Selbstverpflichtung der Unternehmensleitung auf die Grundwerte und Leitlinien belegt die Ernsthaftigkeit eines unternehmerischen Wertemanagements und erzeugt dadurch Handlungsfähigkeit und Erwartungssicherheit bei den Mitarbeitern. Hierbei ist entscheidend, unmissverständlich klarzustellen, dass die Beachtung der Grundwerte und die Einhaltung der Leitlinien Firmenpolitik ist und abweichendes Verhalten weder stillschweigend erwartet noch geduldet wird. Die Überwachung der Implementierung und Umsetzung trägt darüber hinaus zur Glaubwürdigkeit des firmenspezifischen WMS^{ZfW} bei den Stakeholdern des Unternehmens bei.

10. *Bewertung und Nachweis der Implementierung: Entsprechend dem Konzept der Selbstbindung und Selbststeuerung erfolgt die Bewertung des implementierten WMS^{ZfW} grundsätzlich durch ein internes Verfah-*

ren. Anwender erbringen gegenüber der Zentrum für Wirtschaftsethik gGmbH periodisch den Nachweis, dass alle Bausteine des WMS^{ZfW} implementiert sind.

Erläuterung:
Die Zentrum für Wirtschaftsethik gGmbH verlangt von allen Anwendern, dass die Implementierung des WMS^{ZfW} nachgewiesen wird. Dieser Nachweis ist erforderlich, um die Seriosität des implementierten Managementsystems zu dokumentieren. Der Nachweis erstreckt sich dabei ausdrücklich auf die formale Implementierung der Bausteine des WMS^{ZfW}. Für die Umsetzung der firmenspezifischen WMS^{ZfW} sind allein die Anwender verantwortlich. Evaluierungsverfahren zielen damit ausdrücklich nicht auf Leistungen und Erfolge einer werteorientierten Unternehmenspolitik, sondern auf die dokumentierte Existenz der Leitlinien und Verhaltens- und Verfahrensgrundsätze des WMS^{ZfW} und die Tatsache, dass diese mit Leben erfüllt sind.

Teil II: Bausteine

1. **Grundwerte-Erklärung:** *Grundlegender Baustein des WMS^{ZfW} ist die Kodifizierung der Grundwerte einer Organisation in einem „Vision, Mission und Values Statement", einem Leitbild oder einem gleichwertigen Dokument. Solche Dokumente müssen im Hinblick auf die Organisation relevant und spezifisch sowie im Hinblick auf die Werte grundsätzlich sein. In diesen Dokumenten sind die leitenden Werte einer Organisation mit Bezug auf ihre wichtigsten Interessengruppen fixiert.*

Grundlegende Anforderungen:
- Existenz des Dokuments
- Einbeziehung der wichtigsten Interessengruppen

2. **Strategische Ausrichtung:** *Das WMS^{ZfW} ist in die spezifische Geschäftsstrategie eines Unternehmens oder einer Organisation eingebettet. Dies trägt der Notwendigkeit Rechnung, dass Relevanz und Anwendungsfähigkeit des WMS^{ZfW} nur durch die Reflexion auf die gegenwärtige Identität und die gewünschte Entwicklung der Organisation in ihrer Umwelt sichergestellt werden können.*

Grundlegende Anforderungen:
- Die Grundwerte-Erklärung muss auf die Besonderheiten und den Charakter des Unternehmens (Strategie, Struktur, Kultur) eingehen.
- Unternehmensentwicklungsprojekte (Strategieentwicklung, Re-Engineering, Lean Management etc.) müssen auf die Grundwerte-Erklärung, die Leitlinien, Verhaltens- u. Verfahrensgrundsätze reflektieren.

3. Implementierung: *Die Umsetzung der Grundwerte-Erklärung erfolgt durch interne und externe Kommunikation, die Entwicklung entsprechender Leitlinien und Verhaltens- und Verfahrensgrundsätze sowie Training auf den involvierten Ebenen der Organisation. Sie dienen der Umsetzung der Grundwerte-Erklärung in spezifischen Bereichen der Organisation oder Regionen und müssen sukzessive in operative Dokumente einmünden. Dabei sind die integrative Konsistenz und ein alle Unternehmensprozesse umfassender Ansatz der Leitlinien und Verhaltens- und Verfahrensgrundsätze zentrale Kriterien der Seriosität.*

Grundlegende Anforderungen:
- Interne und externe Kommunikation der Grundwerte-Erklärung
- Kommunikation der Leitlinien an Geschäftspartner
- Operationalisierung der Grundwerte-Erklärung in Leitlinien (für Unternehmens- und/oder Geschäftsbereiche) und deren Umsetzung in Verhaltens- u. Verfahrensgrundsätze (für bestimmte Tätigkeitsfelder)
- Training der relevanten Mitarbeiter, insbesondere in wertesensiblen Organisationseinheiten und Funktionen (z.B. Vertrieb, Einkauf, interne Revision)
- Information und Beratung für Mitarbeiter und Führungskräfte in Konfliktsituationen

Beispiele:
Kodifizierte Werte müssen im Unternehmen, zwischen Unternehmen und im Hinblick auf die Gesellschaft kommuniziert und mit Leben erfüllt werden. Für Unternehmen und Organisationen bedeutet dies, dass die Verhaltensgrundsätze entlang folgender Fragen operationalisiert werden können:

Innerbetrieblich:
- Welche Rolle nehmen die Grundsätze bei der Personalauswahl ein?
- Sind die Grundsätze ein Kriterium bei der Beurteilung und Beförderung von Nachwuchskräften?
- Ist die Umsetzung der Verhaltensgrundsätze ein Kriterium von Zielvereinbarungen?

Beziehungen zu anderen Unternehmen und Organisationen:
- Unterstützen oder behindern die Werte und Verhaltensgrundsätze die intendierten Geschäftsstrategien?
- Werden Partner und Lieferanten nach einem Verfahren ausgewählt, das auch Kriterien zu den Grundsätzen und Werten des Codes enthält?
- Wie werden die Prozesse der ‚Pre-Merger-Evaluation' und der ‚Post-Merger-Integration' ausgerichtet? Werden Wertekulturen als eigenständiges und wertschöpfendes Fusionsziel behandelt oder als störende Randbedingung von ökonomischen und technischen Fusionszielen?

Beziehungen zur Gesellschaft:
- Existieren operationale Entscheidungskriterien für Fragen wie Menschenrechte, Umweltschutz, Kinderarbeit, Frauenarbeit, Gefangenenarbeit etc., die über die Aufnahme einer Geschäftsbeziehung oder eine Investition in einem bestimmten Teil der Erde (mit-)entscheiden? Halten diese Kriterien einer öffentlichen Kommunikation stand?
- In welcher Weise sind die Unternehmenskommunikation und die unternehmerische Gesellschaftspolitik in den Prozess der Umsetzung von Verhaltensgrundsätzen einbezogen? Gibt es Vorstellungen zu einer Mitverantwortung und aktiven Mitgestaltung gesellschaftlicher Entwicklung (‚Good Corporate Citizenship', ‚Public Private Partnership')?

*4. **Vorbild und Autonomie**: Persönliches Vorbildverhalten und Engagement auf allen Ebenen der Führung einer Organisation sind Voraussetzung für den Erfolg des WMS^{ZfW}. Gleiches gilt für die Befähigung und Sicherstellung autonomer Entscheidungskompetenz von Mitarbeitern in ethischen Konfliktsituationen, zu denen keine expliziten*

Leitlinien und Verfahren im WMS^{ZfW} existieren. Dies trägt dem Umstand Rechnung, dass es nicht für jede denkbare Situation im Organisationsalltag konkrete Verhaltens- und Verfahrensgrundsätze geben kann.

Grundlegende Anforderungen:

– Zuständigkeit und Verantwortlichkeit beim Top-Management

– Öffentliche und kontinuierliche Verpflichtung der Unternehmensleitung auf die Ziele des WMS^{ZfW} und deren Umsetzung

– Spezifische Trainingsmaßnahmen im Hinblick auf die jeweiligen Arbeitsbereiche und Tätigkeitsfelder von Mitarbeitern

5. ***Ressourcen****: Je nach Größe der Organisation und Umfang des WMS^{ZfW} sind Ressourcen (finanzielle und humane) zu dessen Durchführung erforderlich.*

Grundlegende Anforderung:

– Für die Dauer der Einführung des WMS^{ZfW} müssen Unternehmen und Unternehmensgruppen mit bis zu 1.000 Mitarbeitern einen Projektbeauftragten mit entsprechender fachlicher Expertise bestimmen (mind. 1 Jahr), der die operative Verantwortung für die Implementierung übernimmt. Diese Funktion umfasst insbesondere unterstützende Tätigkeiten bei der Formulierung der Grundwerte-Erklärung, der Organisation und Umsetzung von Trainingsmaßnahmen, der internen und externen Kommunikation sowie der Ausarbeitung bereichs- und funktionsspezifischer Leitlinien, Verhaltens- u. Verfahrensgrundsätze.

– Unternehmen und Unternehmensgruppen mit über 1.000 Mitarbeitern müssen für die Dauer der Einführung des WMS^{ZfW} einen Projektmitarbeiter (100% der regulären Arbeitszeit eines Vollbeschäftigten) mit entsprechender fachlicher Expertise bestimmen (mind. 2 Jahre), der die operative Verantwortung für die Implementierung übernimmt. Diese Funktion umfasst insbesondere unterstützende Tätigkeiten bei der Formulierung der Grundwerte-Erklärung, der Organisation und Umsetzung von Trainingsmaßnahmen, der internen und externen Kommunikation sowie der Ausarbeitung bereichs- und funktionsspezifischer Leitlinien, Verhaltens- u. Verfahrensgrundsätze.

Von dieser grundlegenden Anforderung kann abgewichen werden, wenn ein Unternehmen den Nachweis erbringt, dass es aufgrund geeigneter Maßnahmen und Strukturen in der Lage ist, die notwendigen Aufgaben durch eine funktional äquivalente Projektsteuerung zu erbringen. Die Funktion des Projektbeauftragten bzw. des Projektmitarbeiters kann auch von fachlich geeigneten externen Beratern übernommen werden.

6. *Kommunikation: Interne und externe Kommunikation der Werte der Organisation und der Leitlinien und Verhaltens- und Verfahrensgrundsätze sind neben der Evaluierung das entscheidende Medium glaubwürdiger Selbstbindung durch das WMS^{ZfW}.*

Grundlegende Anforderungen:
Intern sind mindestens zwei der folgenden Mittel anzuwenden, wobei die Publikation zwingend ist:

– Publikation im Unternehmen

– Vorgesetztengespräch

– Gruppen-Meetings

– Einweisung neuer Mitarbeiter

– Information des Betriebsrats

– CD-Rom

– Betriebszeitung

– Intranet/Internet

Extern sind mindestens zwei der folgenden Mittel anzuwenden, wobei die Kommunikation gegenüber Geschäftspartnern zwingend ist:

– Kommunikation gegenüber Geschäftspartnern

– Pressearbeit

– Betriebszeitung

– Diskussionen mit externen Interessengruppen

– Öffentliche Hotline für ethische Fragen

– Sozial-/Ökobilanzierung

– Information der Gewerkschaften

- Geschäftsbericht
- CD-Rom
- Internet

7. **Motivation**: *Entsprechend den Leitlinien und Verhaltens- und Verfahrensgrundsätze sind Strukturen zu etablieren, die wertekonformes und vorbildliches Verhalten anerkennen oder fördern sowie werteverletzendens Handeln sanktionieren.*

Grundlegende Anforderungen:

- Aufnahme des WMS^{ZfW} in Arbeitsverträge und/oder Arbeits- und Dienstanweisungen und/oder Führungskräfte-/Mitarbeiterbeurteilungssysteme
- Maßnahmen zur Sanktionierung von werteverletzendem und ungesetzlichem Handeln

8. **Evaluierung**: *Verfahren zur Evaluierung des WMS^{ZfW} zielen auf die Dokumentation und Überprüfung des Prozesses und auf die Nachhaltigkeit seiner Umsetzung. Selbstbewertung ist dabei das grundlegende Konzept. Ob dies mit zusätzlicher Unterstützung einer externen Institution geschieht, liegt in der Entscheidung der zu evaluierenden Organisation.*

Grundlegende Anforderung:

- Einrichtung eines Evaluierungs- und Dokumentationsmanagements

9. **Dokumentation**: *Die Dokumentation des WMS^{ZfW} und seiner Evaluierung dient der Nachvollziehbarkeit seiner Implementierung und Umsetzung. Sie ist entsprechend der Organisationsstruktur und bereits zur Anwendung kommender Dokumentationssysteme zu gestalten und muss gesetzlichen Form- und Aufbewahrungsanforderungen genügen.*

Grundlegende Anforderung:

- Eine informative und umfassende Dokumentation über das WMS^{ZfW}, die Geschäftsvorfälle, die das WMS^{ZfW} in besonderer Weise betreffen sowie über das Verfahren und die Ergebnisse der Evaluierung des WMS^{ZfW} muss vorhanden sein.

10. **Bewertung**: *Das Führungsgremium einer Organisation hat die Pflicht, das WMS^{ZfW} einer regelmäßigen Bewertung mit Blick auf*

seine Effektivität und Effizienz zu unterziehen. Die Bewertung dient damit der Qualitätssicherung des WMS^{ZfW} und der Sicherstellung seiner Anpassungsfähigkeit an veränderte Rahmenbedingungen.

Grundlegende Anforderung:

− Die Durchführung der Bewertung erfolgt mindestens einmal pro Jahr und muss dokumentiert werden.

Anhang zu Teil B

Übersicht 2 – Staatliche/internationale/supranationale Vorschriften

Label		
	Systemname	EEC 2091/92
	Aufleger	Europäische Union
	Anwender	Erzeuger /Verarbeiter
	Land/ Anwendungsgebiet	Europäische Union
	Art des Systems	Instrument für Teilbereich
	Kurzbeschreibung	Definiert Mindestanforderungen bzgl. Herstellung, Produktion sowie Verarbeitung von biologischen Gütern für die europäischen Mitgliedstaaten.
	Weitere Informationen	www.europa.eu.int

Label		
	Systemname	Bio nach der EG-Öko-Verordnung
	Aufleger	Bundesministerium für Verbraucherschutz, Ernährung und Landwirtschaft
	Anwender	Erzeuger /Verarbeiter
	Land / Anwendungsgebiet	Deutschland
	Art des Systems	Instrument für Teilbereich
	Kurzbeschreibung	Setzt die EEC 2092/91 in deutsches Recht um.
	Weitere Informationen	www.verbraucherschutzministerium.de

Anhang zu Teil B 153

Label	*Systemname*	National Organic Program (NOP)
	Aufleger	United States Department of Agricalture (USDA)
	Anwender	Erzeuger /Verarbeiter /Handel
	Land / Anwendungsgebiet	USA
	Art des Systems	Instrument für Teilbereich
	Kurzbeschreibung	Definiert Mindestanforderungen bzgl. Herstellung, Produktion sowie Verarbeitung von biologischen Gütern für die USA.
Label	*Weitere Informationen*	www.usda.gov

	Systemname	Japanese Agriculture Systems (JAS)
	Aufleger	Japan
	Anwender	Erzeuger /Verarbeiter
	Land /Anwendungsgebiet	Japan
	Art des Systems	Instrument für Teilbereich
	Kurzbeschreibung	Definiert Mindestanforderungen bzgl. Herstellung, Produktion sowie Verarbeitung von biologischen Gütern für Japan.
	Weitere Informationen	www.jasnet.or.jp
Label	*Systemname*	Codex Alimentarius
	Aufleger	FAO und WHO
	Anwender	Erzeuger /Verarbeiter
	Land / Anwendungsgebiet	weltweit
	Art des Systems	Instrument für Teilbereich
	Kurzbeschreibung	Definiert keine Standards, sondern ist vielmehr als Richtlinie zur Entwicklung von Standards zu sehen.
	Weitere Informationen	www.codexalimentarius.net

Label	*Systemname*	Stats-kontrolleret okologisk
	Aufleger	Ministry of Food, Agriculture and Fisheries of Denmark
	Anwender	Erzeuger / Verarbeiter / Handel
	Land / Anwendungsgebiet	Dänemark
	Art des Systems	Instrument für Teilbereich
	Kurzbeschreibung	Setzt auf der EU-Öko-Verordnung auf und ergänzt diese mit weiteren Richtlinien. In Dänemark gibt es nur das eine staatliche Label und Programm, welches Bio-Produkte auszeichnet. Mehrere Vereinigungen und Stiftungen, die die „Biobewegung" vorantreiben, sind vorhanden, dürfen jedoch keine eigenen Richtlinien und Labels hervorbringen.
	Weitere Informationen	www.organic-denmark.com

Label	*Systemname*	Organic Farming Act
	Aufleger	Ministry of Agriculture
	Anwender	Erzeuger / Verarbeiter / Handel
	Land / Anwendungsgebiet	Estland
	Art des Systems	Instrument für Teilbereich
	Kurzbeschreibung	Setzt auf der EU-Öko-Verordnung auf und ergänzt diese um weitere Richtlinien (zum Teil Standards des IFOAM). Mitglieder der zwei autorisierten Organisationen, Estonian Bio-dynamic Association und Kagu-Eesti Bios, dürfen das Mahemärk-Label der Regierung nach erfolgreicher Überprüfung verwenden.
	Weitere Informationen	www.organic-europe.net; www.agree.ee.

Label	*Systemname*	Agriculture Biologique
	Aufleger	Ministére de l'agriculture, de l'alimentation, de la pêche et des affaires rurales de France
	Anwender	Erzeuger / Verarbeiter / Handel
	Land / Anwendungsgebiet	Frankreich / Belgien
	Art des Systems	Instrument für Teilbereich
	Kurzbeschreibung	Setzt auf der EU-Öko-Verordnung auf und ist um eigene zusätzliche Richtlinien erweitert.
	Weitere Informationen	www.agriculture.gouv.fr

Hinweis:
Aufgeführt wurden hier auch nationale Standards solcher Länder, die neben den staatlichen über keine privaten Richtlinien verfügen.

Übersicht 3 – Managementsysteme von Verbänden und Unternehmen im Überblick

Label		
	Systemname	Biogarantie
	Aufleger	BioForum
	Anwender	Erzeuger / Verarbeiter / Handel
	Land / Anwendungsgebiet	Belgien
	Art des Systems	Instrument für Teilbereich
	Kurzbeschreibung	Setzt auf den belgischen Gesetzen für Bio-Produkte auf und ergänzt diese um weitere eigene Richtlinien.
	Weitere Informationen	www.bioforum.be

Label		
	Systemname	Demeter-Richtlinien Belgien
	Aufleger	Demeter Belgien
	Anwender	Erzeuger / Verarbeiter
	Land / Anwendungsgebiet	Belgien
	Art des Systems	Instrument für Teilbereich
	Kurzbeschreibung	Setzt auf der EU-Öko-Verordnung bzw. den staatlichen Richtlinien auf und ist um eigene zusätzliche Richtlinien erweitert.
	Weitere Informationen	www.demeter.be

Label	Systemname	Nature & Progrès Standard
	Aufleger	Nature & Progrès
	Anwender	Erzeuger
	Land / Anwendungsgebiet	Belgien
	Art des Systems	Instrument für Teilbereich
	Kurzbeschreibung	Setzt auf den belgischen Gesetzen für Bio-Produkte auf und ergänzt diese um weitere eigene Richtlinien.
	Weitere Informationen	www.natpro.be
Label	Systemname	Biokreis-Richtlinien
	Aufleger	Biokreis e.V. – Verband für ökologischen Landbau
	Anwender	Erzeuger / Verarbeiter / Hotels u. Gaststätten
	Land / Anwendungsgebiet	Deutschland
	Art des Systems	Instrument für Teilbereich
	Kurzbeschreibung	Setzt auf der deutschen Bioverordnung auf und ist um eigene zusätzliche Richtlinien erweitert.
	Weitere Informationen	www.biokreis.de
Label	Systemname	Biopark-Richtlinien
	Aufleger	Biopark e.V.
	Anwender	Erzeuger / Händler
	Land / Anwendungsgebiet	Deutschland
	Art des Systems	Instrument für Teilbereich
	Kurzbeschreibung	Setzt auf der deutschen Bioverordnung auf und ist um eigene zusätzliche Richtlinien erweitert.
	Weitere Informationen	www.biopark.de

Label		
	Systemname	ECOVIN-Richtlinien
	Aufleger	EVOVIN – Bundesverband ökologischer Weinbau e.V.
	Anwender	Erzeuger
	Land / Anwendungsgebiet	Deutschland
	Art des Systems	Instrument für Teilbereich
	Kurzbeschreibung	Setzt auf der deutschen Bioverordnung auf und ist um eigene zusätzliche Richtlinien erweitert.
	Weitere Informationen	www.ecovin.org

Label		
	Systemname	Gäa-Richtlinien
	Aufleger	Gäa e.V. – ökologischer Landbau
	Anwender	Erzeuger / Verarbeiter
	Land / Anwendungsgebiet	Deutschland
	Art des Systems	Instrument für Teilbereich
	Kurzbeschreibung	Setzt auf der deutschen Bioverordnung auf und ist um eigene zusätzliche Richtlinien erweitert.
	Weitere Informationen	www.gaea.de

Label		
	Systemname	Richtlinien für chemisch-synthetische Pflanzenschutz-, Schädlingsbekämpfungs- und Vorratsschutzmittel
	Aufleger	Bundesverband Naturkost Naturwaren (BNN) e.V.
	Anwender	Erzeuger / Verarbeiter / Handel
	Land / Anwendungsgebiet	Deutschland
	Art des Systems	Instrument für Teilbereich
	Kurzbeschreibung	Setzt auf der deutschen Bioverordnung auf und ist um eigene zusätzliche Richtlinien erweitert.

Weitere Informationen www.n-bnn.de

Label	*Systemname*	Verbandsrichtlinien Ökosiegel e.V.
	Aufleger	Ökosiegel e.V. – Landwirtschaftlicher Anbauverband, natürlich für Bio-Landbau und Bio-Lebensmittel
	Anwender	Erzeuger / Verarbeiter
	Land / Anwendungsgebiet	Deutschland
	Art des Systems	Instrument für Teilbereich
	Kurzbeschreibung	Setzt auf der deutschen Bioverordnung auf und ist um eigene zusätzliche Richtlinien erweitert.
	Weitere Informationen	www.oekosiegel-ev.de
Label	*Systemname*	Erzeugungs- und Verarbeitungsrichtlinien von Demeter
	Aufleger	Fachgruppe Demeter-Richtlinien im Forschungsring für Biologisch-Dynamische Wirtschaftsweise e.V. – Demeter e.V.
	Anwender	Erzeuger / Verarbeiter
	Land / Anwendungsgebiet	Deutschland
	Art des Systems	Instrument für Teilbereich
	Kurzbeschreibung	Setzt auf der EU-Öko-Verordnung bzw. den staatlichen Richtlinien auf und ist um eigene zusätzliche Richtlinien erweitert.
	Weitere Informationen	www.demeter.de

Label	*Systemname*	Bioland-Richtlinien
	Aufleger	Anbauverband Bioland
	Anwender	Erzeuger / Verarbeiter
	Land / Anwendungsgebiet	Deutschland / Belgien
	Art des Systems	Instrument für Teilbereich
	Kurzbeschreibung	Setzt auf der deutschen Bioverordnung auf und ist um eigene zusätzliche Richtlinien erweitert.
	Weitere Informationen	www.bioland.de

Label	*Systemname*	Naturland-Richtlinien
	Aufleger	Naturland e.V.
	Anwender	Erzeuger / Verarbeiter
	Land / Anwendungsgebiet	Deutschland / Belgien
	Art des Systems	Instrument für Teilbereich
	Kurzbeschreibung	Setzen auf den IFOAM-Rahmenrichtlinien sowie den deutschen Biorichtlinien auf und ergänzen diese um eigene zusätzliche Anforderungen. Nach Abschluss dieser Studie, im Jan. 2005 Erweiterung um sog. „Sozialrichtlinien".
	Weitere Informationen	www.naturland.de

Label	*Systemname*	Demeter Standards
	Aufleger	Demeter Association
	Anwender	Erzeuger / Verarbeiter
	Land / Anwendungsgebiet	England
	Art des Systems	Instrument für Teilbereich
	Kurzbeschreibung	Setzt auf der EU-Öko-Verordnung bzw. den staatlichen Richtlinien auf und ist um eigene zusätzliche Richtlinien erweitert.

	Weitere Informationen	www.biodynamic.org.uk
Label	*Systemname*	OFF Standards
	Aufleger	Organic Food Federation
	Anwender	Erzeuger / Verarbeiter / Handel
	Land / Anwendungsgebiet	Großbritannien
	Art des Systems	Instrument für Teilbereich
	Kurzbeschreibung	Setzt auf den englischen Standards (UKROFS) auf und ergänzt diese um eigene Richtlinien.
	Weitere Informationen	www.orgfoodfed.com
Label	*Systemname*	Soil Association Policies
	Aufleger	Soil Association
	Anwender	Erzeuger / Verarbeiter / Handel
	Land / Anwendungsgebiet	Großbritannien
	Art des Systems	Instrument für Teilbereich
	Kurzbeschreibung	Setzt auf der englischen Lebensmittelverordnung auf und ergänzt diese um weitere eigene Richtlinien.
	Weitere Informationen	www.soilassociation.org

Label		
demeter	Systemname	Demeter Richtlinien Finnland
	Aufleger	Demeter Finnland
	Anwender	Erzeuger / Verarbeiter
	Land / Anwendungsgebiet	Finnland
	Art des Systems	Instrument für Teilbereich
	Kurzbeschreibung	Setzt auf der EU-Öko-Verordnung bzw. den staatlichen Richtlinien auf und ist um eigene zusätzliche Richtlinien erweitert.
	Weitere Informationen	www.biodyn.fi

Label		
LUOMU	Systemname	Luomulitto Richtlinien
	Aufleger	Luomulitto ry
	Anwender	Erzeuger / Handel
	Land / Anwendungsgebiet	Finnland
	Art des Systems	Instrument für Teilbereich
	Kurzbeschreibung	Basiert auf den finnischen Biogesetzen und ergänzt diese um weitere eigene Richtlinien.
	Weitere Informationen	www.organic-europe.net; www.luomulitto.fi

Label		
DIO	Systemname	Dio Standards
	Aufleger	Certification and Inspection Organisation „Dio"
	Anwender	Erzeuger / Verarbeiter
	Land / Anwendungsgebiet	Griechenland
	Art des Systems	Instrument für Teilbereich
	Kurzbeschreibung	Setzt auf der EU-Öko-Verordnung auf und ist um eigene zusätzliche Richtlinien erweitert.
	Weitere Informationen	www.organic-europe.net; www.dionet.gr

Label demeter	*Systemname*	Demeter Richtlinien Holland
	Aufleger	Vereiniging van Biologisch-Dynamische Boeren – Demeter Bund Holland
	Anwender	Erzeuger / Verarbeiter
	Land / Anwendungsgebiet	Holland
	Art des Systems	Instrument für Teilbereich
	Kurzbeschreibung	Setzt auf der EU-Öko-Verordnung bzw. den staatlichen Richtlinien auf und ist um eigene zusätzliche Richtlinien erweitert.
	Weitere Informationen	www.demeter-bd.nl

Label EKO	*Systemname*	SKAL
	Aufleger	SKAL Certification Organic Production
	Anwender	Erzeuger / Verarbeiter
	Land / Anwendungsgebiet	Holland
	Art des Systems	Instrument für Teilbereich
	Kurzbeschreibung	Setzt auf den holländischen Qualitätsverordnungen für organische Produktionsmethoden auf und ergänzt diese mit eigenen Standards.
	Weitere Informationen	www.skal.com

Label		
demeter	Systemname	Demeter Standards Irland
	Aufleger	Demeter Irland
	Anwender	Erzeuger / Verarbeiter
	Land / Anwendungsgebiet	Irland
	Art des Systems	Instrument für Teilbereich
	Kurzbeschreibung	Setzt auf der EU-Öko-Verordnung bzw. den staatlichen Richtlinien auf und ist um eigene zusätzliche Richtlinien erweitert.
	Weitere Informationen	www.demeter.ie

Label		
IOFGA	Systemname	IOFGA Standards
	Aufleger	Irish Organic Farmers and Growers Association – IOFGA
	Anwender	Erzeuger
	Land / Anwendungsgebiet	Irland, Großbritannien
	Art des Systems	Instrument für Teilbereich
	Kurzbeschreibung	Setzt auf den irischen sowie den englischen Richtlinien auf und ergänzt diese um eigene Richtlinien.
	Weitere Informationen	www.irishorganic.ie.

Label		
ORGANIC TRUST	Systemname	Organic Trust Standards
	Aufleger	Organic Trust Ltd.
	Anwender	Erzeuger / Verarbeiter
	Land / Anwendungsgebiet	Irland, Großbritannien
	Art des Systems	Instrument für Teilbereich
	Kurzbeschreibung	Setzt auf den irischen sowie den englischen Richtlinien auf und ergänzt diese um eigene Richtlinien.
	Weitere Informationen	http://ireland.iol.ie

Anhang zu Teil B

Label		
	Systemname	TÚN Standards
	Aufleger	Vottunarstofan Tún ehf
	Anwender	Erzeuger / Verarbeiter
	Land / Anwendungsgebiet	Island
	Art des Systems	Instrument für Teilbereich
	Kurzbeschreibung	Setzt auf den isländischen Gesetzen, der EU-Öko-Verordnung und den IFOAM-Richtlinien auf.
	Weitere Informationen	www.organic-europe.net; www.mmedia.is

Label		
	Systemname	Biologico Di Fattoria Standards
	Aufleger	ICEA, Garanzia AIAB, CSQA
	Anwender	k. A. (bedingt durch Sprachbarrieren)
	Land / Anwendungsgebiet	Italien
	Art des Systems	Instrument für Teilbereich
	Kurzbeschreibung	Setzt auf den italienischen Richtlinien auf und ergänzt diese um eigene weitere Standards.
	Weitere Informationen	www.icea.info; www.aiab.it; www.csqa.it.

Label		
garanzia AIAB	Systemname	Garanzia AIAB Standards
	Aufleger	Garanzia AIAB
	Anwender	k. A. (bedingt durch Sprachbarrieren)
	Land / Anwendungsgebiet	Italien
	Art des Systems	Instrument für Teilbereich
	Kurzbeschreibung	Setzt auf der EU-Öko-Verordnung und den italienischen Richtlinien auf und ergänzt diese um eigene weitere Richtlinien.
	Weitere Informationen	www.icea.info; www.aiab.it

Label		
	Systemname	Garanzia Biologico AMAB Standards
	Aufleger	AMAB – Associazione mediterranea agricoltura biologica
	Anwender	Erzeuger
	Land / Anwendungsgebiet	Italien
	Art des Systems	Instrument für Teilbereich
	Kurzbeschreibung	Setzt auf den italienischen und den IFOAM Richtlinien auf und ergänzt diese um eigene Richtlinien.
	Weitere Informationen	www.amab.it

Label		
	Systemname	ICEA – Standard AIAB
	Aufleger	Garanzia AIAB
	Anwender	k. A. (bedingt durch Sprachbarrieren)
	Land / Anwendungsgebiet	Italien
	Art des Systems	Instrument für Teilbereich
	Kurzbeschreibung	Setzt auf den italienischen Richtlinien und den IFOAM Standards auf.
	Weitere Informationen	www.icea.info; www.aiab.it

Label		
	Systemname	Biolandbau Standards
	Aufleger	Verenegung fir Biologesche Landbau Letzeburg
	Anwender	Erzeuger / Verarbeiter
	Land / Anwendungsgebiet	Luxemburg
	Art des Systems	Instrument für Teilbereich
	Kurzbeschreibung	Setzt auf der EU-Öko-Verordnung auf und ergänzt diese um eigene weitere Richtlinien.
	Weitere Informationen	www.biolandbau.lu

Label	Systemname	Demeter Richtlinien Luxemburg
demeter	Aufleger	Veräin fir biologesch-dynamesch Landwirtschaft Lëtzebuerg asbl.
	Anwender	Erzeuger / Verarbeiter
	Land / Anwendungsgebiet	Luxemburg
	Art des Systems	Instrument für Teilbereich
	Kurzbeschreibung	Setzt auf der EU-Öko-Verordnung bzw. den staatlichen Richtlinien auf und ist um eigene zusätzliche Richtlinien erweitert.
	Weitere Informationen	www.demeter.lu

Label	Systemname	Debio biodynamische Richtlinien
	Aufleger	Debio – inspection and certification body for organic agricultural production
	Anwender	Erzeuger / Verarbeiter
	Land / Anwendungsgebiet	Norwegen
	Art des Systems	Instrument für Teilbereich
	Kurzbeschreibung	Setzt auf der norwegischen Landwirtschaftsrichtlinie auf, die mit der EU-Öko-Verordnung übereinstimmt und sich an die IFOAM Basics anlehnt.
	Weitere Informationen	www.debio.no; www.organic-europe.net

Label	*Systemname*	Debio Richtlinien
	Aufleger	Debio – inspection and certification body for organic agricultural production
	Anwender	Erzeuger / Verarbeiter
	Land / Anwendungsgebiet	Norwegen
	Art des Systems	Instrument für Teilbereich
	Kurzbeschreibung	Setzt auf der norwegischen Landwirtschaftsrichtlinie auf, die mit der EU-Öko-Verordnung übereinstimmt und sich an die IFOAM Basics anlehnt.
	Weitere Informationen	www.organic-europe.net

Label	*Systemname*	BAF Verbands-Richtlinien
	Aufleger	BAF Verband der biologische wirtschaftenden Ackerbaubetriebe
	Anwender	Erzeuger
	Land / Anwendungsgebiet	Österreich
	Art des Systems	Instrument für Teilbereich
	Kurzbeschreibung	Setzt auf dem österreichischen Lebensmittelkodex auf und ergänzt diesen um eigene Richtlinien und eine eigene Philosophie, in welcher Unternehmen zusätzlich Verantwortung für soziologische, kulturelle und umweltrelevante Aufgaben übernehmen.
	Weitere Informationen	www.bioackerfrucht.at

Label		
	Systemname	Bio Ernte Austria
	Aufleger	BIO ERNTE AUSTRIA – Verband
	Anwender	Erzeuger
	Land / Anwendungsgebiet	Österreich
	Art des Systems	Instrument für Teilbereich
	Kurzbeschreibung	Setzt auf dem österreichischen Lebensmittelkodex auf und ist um eigne zusätzliche Richtlinien erweitert.
	Weitere Informationen	www.ernte.at

Label		
	Systemname	Bio-Landwirtschaft Ennstal Richtlinien
	Aufleger	Verband Biolandwirtschaft Ennstal
	Anwender	Erzeuger / Verarbeiter / Handel
	Land / Anwendungsgebiet	Österreich
	Art des Systems	Instrument für Teilbereich
	Kurzbeschreibung	Setzt auf dem österreichischen Lebensmittelkodex auf und ergänzt diesen um eigene Richtlinien. Der Fokus liegt hier auf dem erzeugenden Gewerbe, wobei über die Landgenossenschaft Ennstal auch ein umfassender Handel für deren Mitglieder möglich ist (nicht vergleichbar mit einem umfassenden Wertemanagementsystem).
	Weitere Informationen	www.bioland-ennstal.at; www.lge.at

Label demeter	*Systemname*	Demeter-Richtlinien Österreich
	Aufleger	Österreichischer Demeter-Bund
	Anwender	Erzeuger / Verarbeiter
	Land / Anwendungsgebiet	Österreich
	Art des Systems	Instrument für Teilbereich
	Kurzbeschreibung	Setzt auf dem österreichischen Lebensmittelkodex und den internationalen Richtlinien für die Anerkennung der Demeter-Qualität auf.
	Weitere Informationen	www.demeter.at

Label DINATUR	*Systemname*	DINATUR-Richtlinien
	Aufleger	DINATUR Verein
	Anwender	Erzeuger
	Land / Anwendungsgebiet	Österreich
	Art des Systems	Instrument für Teilbereich
	Kurzbeschreibung	Setzt auf dem österreichischen Lebensmittelkodex auf und ergänzt diesen um Richtlinien des biologisch-dynamischen Wirtschaftens (welche auf die anthroposophischen Ausführungen Rudolf Steiners zurückgehen; Demeter) und Elemente des organisch-biologischen Landwirtschaftens (Ursprung bei der Fam. Lübke & Dr. Pfeiffer).
	Weitere Informationen	www.dinatur.at; www.members.magnet.at/biohof/dinatur

Anhang zu Teil B 171

Label	Systemname	Erde & Saat
	Aufleger	Bioverband Erde & Saat
	Anwender	Erzeuger / Verarbeiter / Handel
	Land / Anwendungsgebiet	Österreich
	Art des Systems	Instrument für Teilbereich
	Kurzbeschreibung	Setzt auf dem österreichischen Lebensmittelkodex auf und ergänzt diesen um eigene Richtlinien. Der Fokus liegt hier auf dem erzeugenden Gewerbe, den Biobauernhöfen, welche ebenfalls die Aspekte „Verarbeiter und Handel" im Anwendungsfokus umfassen. Es bestehen des Weiteren enge Beziehungen zu Verarbeitern.
	Weitere Informationen	www.erde-saat.at
Label	Systemname	Hofmarke-Richtlinien
	Aufleger	Hofmarke Bioverband
	Anwender	Erzeuger / Verarbeiter / Handel
	Land / Anwendungsgebiet	Österreich
	Art des Systems	Instrument für Teilbereich
	Kurzbeschreibung	Setzt auf dem österreichischen Lebensmittelkodex auf und ist um eigene zusätzliche Richtlinien erweitert. Neben der biologisch-ökolo-gischen Anbauphilosophie steht hier auch der Vertrieb über den eigenen Hof mit im Fokus.
	Weitere Informationen	www.hofmarke.at

Label	*Systemname*	KT-Freiland-Richtlinien
	Aufleger	KT-Freiland Verband
	Anwender	Erzeuger
	Land / Anwendungsgebiet	Österreich
	Art des Systems	Instrument für Teilbereich
	Kurzbeschreibung	Setzt auf dem österreichischen Lebensmittelkodex auf und ist um eigene zusätzliche Richtlinien erweitert. Der Fokus von KT-Freiland liegt auf der artgerechten Tierhaltung.
	Weitere Informationen	www.freiland.or.at

Label	*Systemname*	ORBI-Richtlinien
	Aufleger	ORBI – organisch biologisch kontrolliert – nach Dr. Hans Müller – Verband
	Anwender	Erzeuger
	Land / Anwendungsgebiet	Österreich
	Art des Systems	Instrument für Teilbereich
	Kurzbeschreibung	Setzt auf dem österreichischen Lebensmittelkodex auf und ergänzt diesen um eigene Richtlinien.
	Weitere Informationen	www.biolebensmittel.at

Label	*Systemname*	Ekoland Standards Polen
	Aufleger	Producer Association Ekoland
	Anwender	Erzeuger / Verarbeiter
	Land / Anwendungsgebiet	Polen
	Art des Systems	Instrument für Teilbereich
	Kurzbeschreibung	Setzt auf der EU-Öko-Verordnung und den IFOAM Richtlinien auf und ergänzt diese um eigene Standards.

	Weitere Informationen	www.ekoland.pl; www.oranic-europe.net
Label	*Systemname* *Aufleger* *Anwender* *Land / Anwendungsgebiet* *Art des Systems* *Kurzbeschreibung* *Weitere Informationen*	PTRE Standards Association Polshie Towarzystwo Rolnictwa Ekologicznego – PTRE Erzeuger / Verarbeiter Polen Instrument für Teilbereich Setzt auf der EU-Öko-Verordnung und den IFOAM Richtlinien auf und ergänzt diese um eigene Standards. www.organic-europe.net
Label	*Systemname* *Aufleger* *Anwender* *Land / Anwendungsgebiet* *Art des Systems* *Kurzbeschreibung* *Weitere Informationen*	Demeter Standards Schweden Svenska Demeterförbundet Erzeuger / Verarbeiter Schweden Instrument für Teilbereich Setzt auf der EU-Öko-Verordnung bzw. den schwedischen Richtlinien auf und ist um eigene zusätzliche Richtlinien erweitert. www.demeter.nu
Label	*Systemname* *Aufleger* *Anwender* *Land / Anwendungsgebiet* *Art des Systems* *Kurzbeschreibung*	KRAV Standards Ekonomsik Förening – KRAV Erzeuger / Verarbeiter Schweden Instrument für Teilbereich Setzt auf der EU-Öko-Verordnung, den schwedischen Richtlinien sowie den IFOAM Richtlinien auf.

	Weitere Informationen	www.krav.se
Label	*Systemname*	IP-Suisse-Richtlinien
	Aufleger	IP-Suisse
	Anwender	Erzeuger
	Land / Anwendungsgebiet	Schweiz
	Art des Systems	Instrument für Teilbereich
	Kurzbeschreibung	IP-Suisse verlangt die Gesamtbetrieblichkeit. Das heißt: Betriebe, die für das IP-Suisse Label produzieren, erfüllen alle Anforderungen des ökologischen Leistungsnachweises (ÖLN) des Bundes, der als Basis für Direktzahlungen gilt. Außerdem erfüllen sie die weitergehenden IP-Suisse-Richtlinien. Im Bereich Pflanzenproduktion dürfen synthetische Hilfsstoffe nur beschränkt und nur nach genauer Bedarfsabklärung verwendet werden. Zudem gibt es spezielle Richtlinien für jede Kultur. So dürfen im Getreideanbau keine Fungizide, Insektizide und Halmverkürzer eingesetzt werden. Fungizide und Insektizide sind auch im Rapsanbau verboten. Bei den Kartoffeln werden die Kartoffelstauden vor der Ernte mechanisch und nicht chemisch entfernt. Sie werden ohne Keimhemmungsmittel gelagert.
	Weitere Informationen	www.ipsuisse.ch

Label **BIO SUISSE**	Systemname	Bio-Suisse Richtlinien
	Aufleger	Bio-Suisse Verband
	Anwender	Erzeuger / Verarbeiter / Handel
	Land / Anwendungsgebiet	Schweiz, Liechtenstein
	Art des Systems	Instrument für Teilbereich
	Kurzbeschreibung	Die Bio-Suisse-Richtlinien setzen auf der Schweizer Bioverordnung des Bundes auf, welche Minimalanforderungen für Bioprodukte regelt. Die Schweizer Bioverordnung orientiert sich in großem Maße an der EU-Öko-Verordnung.
	Weitere Informationen	www.bio-suisse.ch
Label *demeter*	Systemname	Demeter Richtlinien Slovenia
	Aufleger	Bio-dynamic association AJDR
	Anwender	Erzeuger / Verarbeiter
	Land / Anwendungsgebiet	Slowenien
	Art des Systems	Instrument für Teilbereich
	Kurzbeschreibung	Setzt auf der EU-Öko-Verordnung bzw. den staatlichen Richtlinien auf und ist um eigene zusätzliche Richtlinien erweitert.
	Weitere Informationen	www.organic-europe.net

Label		
	Systemname	USOFA-Standards
	Aufleger	Union of Organic Famers Association – USOFA
	Anwender	Erzeuger / Verarbeiter
	Land / Anwendungsgebiet	Slowenien
	Art des Systems	Instrument für Teilbereich
	Kurzbeschreibung	Setzt auf der EU-Öko-Verordnung und den IFOAM Richtlinien auf und ergänzt diese um eigene Standards.
	Weitere Informationen	www.organic-europe.net

Label		
	Systemname	Biokúltura Standards
	Aufleger	Biokúltura Klub
	Anwender	Erzeuger / Verarbeiter / Handel
	Land / Anwendungsgebiet	Ungarn
	Art des Systems	Instrument für Teilbereich
	Kurzbeschreibung	Setzt auf der EU-Öko-Verordnung, den IFOAM sowie den britischen Soil Association Standards auf und ergänzt diese um weitere eigene Richtlinien.
	Weitere Informationen	www.biokultura.org; www.organic-europe.net

Label	*Systemname*	Marine Stewardship Council (MSC)-Richtlinien
	Aufleger	Marine Stewardship Council (MSC)
	Anwender	Fischereibetriebe
	Land / Anwendungsgebiet	weltweit
	Art des Systems	Instrument für Teilbereich
	Kurzbeschreibung	MSC ist eine Organisation, die weltweit eine nachhaltige Fischerei fordert: Fischbestände dürfen nicht überfischt werden und müssen Zeit haben, sich zu erholen. Die Fischereien sollen so arbeiten, dass sie auch in Zukunft eine Existenzgrundlage haben. MSC zertifiziert Fischprodukte, die ihren strengen Richtlinien genügen. Das Marine Stewardship Council (MSC) wurde 1996 von Unilever und dem WWF gegründet. MSC kämpft gegen die Überfischung der Meere und für die Erhaltung der Fischgründe. Inzwischen kann diese internationale Umweltorganisation auf eine breite Unterstützung zahlreicher Organisationen und Unternehmen zählen. MSC gehört zu den führenden Stimmen in der Gemeinschaft der Meeresschutzorganisationen.
	Weitere Informationen	www.msc.org

Label	*Systemname*	International Federation of Organic Agricultural Movement (IFOAM) Basic Standards
	Aufleger	International Federation of Organic Agricultural Movement (IFOAM)
	Anwender	Erzeuger / Verarbeiter
	Land / Anwendungsgebiet	weltweit
	Art des Systems	Instrument für Teilbereich
	Kurzbeschreibung	Eigene Richtlinien zur ökologischen Landwirtschaft
	Weitere Informationen	www.ifoam.org

Label	*Systemname*	Werteprogramm bei der Migros AG
	Aufleger	Mirgros AG
	Land / Anwendungsgebiet	Schweiz und Geschäftsländer
	Art des Systems	Integratives System
	Kurzbeschreibung	Definiert Unternehmensleitsätze und beschreibt deren Berücksichtigung im täglichen Handeln. Zusätzlich zu den Grundwerten definiert Migros eine Vielzahl von Standards, und Richtliniendie die Bedingungen für Austauschbeziehungen mit ihr beschreiben: IP-Suisse für Bio-Produkte, Max Havelaar, 7-Punkte-Fleisch, Marine Stewardship Council, Dolphinsafe, Forest Stewardship Council, Eco (für die umweltfreundliche Produktion von Kleidung), Biobaumwoll-, Miploant- und Nautra-Richtlinien). Darüber hinaus werden unabhängige Auditoren zur Überprüfung der Richtlinien entlang der Supply Chain benannt. Das Engagement von

	Weitere Informationen	Migros im Bereich der Corporate Citizenship wird ausführlich beschrieben (kulturelles, soziales, Bildungs-, Sport- und Freizeit- sowie wirtschaftspolitisches Engagement). www.migros.ch
Label	*Systemname*	Werteprogramm bei der Tesco Ltd.
	Aufleger	Tesco Ltd.
	Land / Anwendungsgebiet	England und Geschäftsländer
	Art des Systems	Integratives System
	Kurzbeschreibung	Ausführliche Beschreibung der kodifizierten Unternehmenswerte (Code of Conduct, Gift giving policy). Policies bzgl. Menschenrechte, Angestellte, Tierhaltung, Tiertest, gentechnische Veränderungen, Umwelt, Klimaveränderung, Ethics / ethical trading, Gesundheit und Sicherheit, Gesellschaft, Charity, DTI Code of Conduct on Supermarkets (Dealing with Suppliers; Organische Produkte). Tesco stellt innerhalb ihrer Corporate Responsibility dar, welche Auswirkungen dieses Selbstverständnis für ihr tägliches Handeln auf allen Ebenen hat. Ebenfalls werden ausführlich die Instrumente der Implementierung dargestellt. Standards entlang der Lieferantenkette (Zusammenarbeit mit der ETI; Überprüfung und Weiterbildung; Vorstellung der internen Audit- Schemata im Sinne von Assurrance entlang von Key Performance Indicators über die Gebiete „Customer, Operations,

		Finance, People"). Ebenfalls wird mit der Vorstellung des Corporate Responsibility Committee die Bedeutung des nachhaltigen, ganzheitlichen Wirtschaftens im Rahmen der Organisation deutlich. Des Weiteren wird das Corporate Cititzen-Engagement (in den Bereichen Wirtschaft, Umwelt, Gesellschaft) dargestellt.
	Weitere Informationen	www.tesco.com
Label	*Systemname*	Werteprogramm der United Natural Foods Inc.
	Aufleger	United Natural Foods Inc.
	Land / Anwendungsgebiet	Amerika und Geschäftsländer
	Art des Systems	Integratives System
	Kurzbeschreibung	United Natural Foods (UNFI) stellt auf seiner Homepage die Unternehmenswerte in seinem Code of Ethics sowie deren Bedeutung für UNFI dar. Grundlage für ökologische Produkte stellt bei UNFI der Standard der USDA dar. Ebenfalls werden Angaben über Standards of Compliance gemacht. UNFI hat ein Auditing-, Nominating and Governance- sowie ein Compensating Committee unter den Aspekten seiner Corporate Governance gebildet und dargestellt. Rechte und Pflichten des Nominating and Governance Committee können nachgelesen werden.
	Weitere Informationen	www.unfi.com

Label	*Systemname*	Werteprogramm der Whole Food Markets Inc.
	Aufleger	Whole Food Markets Inc. (WFM)
	Land / Anwendungsgebiet	Amerika und Geschäftsländer
	Art des Systems	Integratives System
	Kurzbeschreibung	Die WFM stellt in ihrer Unternehmensphilosophie (Declaration of Independence, Core Values, Quality Standard, Sustainability and Future) ihre Grundwerte sowie ihre Bedeutung für WFM und ihre Mitarbeiter dar. In dem Code of Conduct & Ethics werden ausführlich Verhaltensstandards, aber auch Instrumente (Schwerpunkt: Compliance) in Form von „Disclosure Information Checklist", „Conflict of Interest Checklist" sowie „Ad Hoc Approval and Reporting Form" aufgeführt. Neben den kodifizierten Werten und den Instrumenten macht die Existenz eines Ethics Officers die Relevanz des Themas deutlich.
	Weitere Informationen	www.wholefood.com
Label	*Systemname*	Werteprogramm der Unilever N.V.
	Aufleger	Unilever N.V.
	Land / Anwendungsgebiet	Holland und Geschäftsländer
	Art des Systems	Integratives System
	Kurzbeschreibung	Unilever beschreibt in seinen Unternehmensprinzipien mit dem Code of Business Principles, dem Code of

Ethics, aber auch mit dem Business Partner Code seine Grundwerte, auch entlang der Lieferantenkette. Unilever stellt ausführlich die Bedeutung der Werte für das tägliche Handeln dar. So sind auch Implementierungsprogramme auf Basis von Werteprogrammen (MSC-Standards für Lieferanten, Business Partner Code u.a.) und Compli-anceanweisungen bei Unilever vorhanden. Unter dem Gesichtspunkt von Corporate Governance stellt Unilever verschiedene Committees vor, was die Verankerung des ganzheitlich-nachhaltigen Handelns aufzeigt. Es ist darüber hinaus eine Code-Hotline vorhanden. Des Weiteren engagiert sich Unilever in wirtschaftichen, sozialen, Umwelt- und Bildungs-Projekten und unterstütz auch viele gemeinnützige Organisationen im Sinne von Corporate Citizenship.

	Weitere Informationen	www.unilever.com
Label	*Systemname*	Werteprogramm der Wal-Mart Stores Inc.
	Aufleger	Wal-Mart Stores Inc.
	Land / Anwendungsgebiet	Amerika und Geschäftsländer
	Art des Systems	Integratives System
	Kurzbeschreibung	Beschrieben werden bei Wal-Mart ausführlich die Unternehmenswerte sowie deren Bedeutung für das tägliche Geschäft (auch in den Ausführungen zur Unternehmenskultur). Aber auch neben den Werteprogram-

		men zeigt Wal-Mart ausführlich Instrumente der Implementierung auf (so z.b. das Lieferanten-Management-System). Daneben engagiert sich Wal-Mart im Sinne von Corporate Citizenship in den Bereichen Umwelt, Kinder, Gesellschaft und Bildung.
	Weitere Informationen	www.walmart.com
Label	*Systemname*	Werteprogramm der Chiquita Brands International Inc.
	Aufleger	Chiquita Brands International Inc.
	Land / Anwendungsgebiet	USA und Geschäftsländer
	Art des Systems	Integratives System
	Kurzbeschreibung	Chiquita beschreibt mit seinen Core Values, dem Code of Conduct sowie dem Verhaltenskodex – „Leben gemäß unseren Grundsätzen" nicht nur die Unternehmenswerte, sondern auch schon ihre Rolle im Geschäftsalltag. So werden mit dem Rainforest Alliance „Standard for Banana certification" Verhaltensstandards entlang der Produktion und deren Auditierung beschrieben (die zwar nicht den europäischen Standards für biologische Produkte gleichen, sich aber um nachhaltiges-ganzheitliches Bewirtschaften von Bananenplantagen – auch mit Restriktionen bzgl. Chemieeinsatz – einsetzen). Ebenfalls zeigt das Nominating & Governance Commiittee mit seinen Rechten und Pflichten die Relevanz der Thematik „Management von Werten und Ethik" bei Chiquita.

	Weitere Informationen	Darüber hinaus werden auch durch die Zusammenarbeit mit ETI Standards entlang der Lieferantenkette gesetzt. Chiquita zeigt mit dem „2004 Corporate Citizen of the Americas Award" sein Engagement in diesem Bereich. www.chiquita.com
Label	*Systemname*	Unternehmensprogramm der Fa. Biokorntakt
	Aufleger	Biokorntakt
	Land / Anwendungsgebiet	Deutschland/Geschäftsland
	Art des Systems	Instrument für Teilbereich
	Kurzbeschreibung	QM-System in Anlehnung an die ISO 9001, Biostandard gemäß Bio-Anbauverein.
	Weitere Informationen	www.biokorntakt.de
Label	*Systemname*	Unternehmensprogramm der Fa. Söbbeke
	Aufleger	Söbbeke
	Land / Anwendungsgebiet	Deutschland/Geschäftsland
	Art des Systems	Instrument für Teilbereich
	Kurzbeschreibung	Setzt auf den Biostandards der Bioland-Vereinigung sowie Demeter und Naturland auf. Verfügt über ein Ökozertifikat von Bioland und ist nach ISO 9001 zertifiziert. Ebenso beschreibt Söbbeke seine Grundwerte in seinen Leitlinien.
	Weitere Informationen	www.soebbeke.de

Label	*Systemname*	Unternehmensprogramm der Fa. Flemming-Bioborn
	Aufleger	Flemming/Bioborn
	Land / Anwendungsgebiet	Deutschland/Geschäftsland
	Art des Systems	Instrument für Teilbereich
	Kurzbeschreibung	Beschreibt kurz Auswahlkriterien für Zulieferer (insgesamt 7); keine Angaben über den zugrundeliegenden Biostandard
	Weitere Informationen	www.flemming-naturkost.de
Label	*Systemname*	Unternehmensprogramm bei Heuschrecke
	Aufleger	Heuschrecke
	Land / Anwendungsgebiet	Deutschland/Geschäftsland
	Art des Systems	Instrument für Teilbereich
	Kurzbeschreibung	Nach ISO 9001 zertifiziert, Validierung des Standards nach EG-Öko Audit. Biostandard entspricht den EG-Gesetzgebungen für den ökologischen Landbau.
	Weitere Informationen	www.heuschrecke.com
Label	*Systemname*	Unternehmensprogramm von Chiemgauer Naturfleisch
	Aufleger	Chiemgauer Naturfleisch
	Land / Anwendungsgebiet	Deutschland/Geschäftsland
	Art des Systems	Instrument für Teilbereich
	Kurzbeschreibung	Chiemgauer Naturfleisch beschreibt in seiner Philosophie kurz einige Werte. Biostandard sind Bioland, Biokreis und Demeter.
	Weitere Informationen	www.chiemgauer-naturfleisch.de

Label	*Systemname*	Unternehmensprogramm von Rapunzel
	Aufleger	Rapunzel
	Land / Anwendungsgebiet	Deutschland/Geschäftsland
	Art des Systems	Instrument für Teilbereich
	Kurzbeschreibung	Nach ISO 140001 zertifiziert; Biostandard sind EG 2092/91 und Demeter-Richtlinien; EG-Öko-Audit des Standortes; Engagement im Fair Trade (Projekt „Hand in Hand").
	Weitere Informationen	www.rapunzel.com
Label	*Systemname*	Unternehmensprogramm von Dennree
	Aufleger	Dennree
	Land / Anwendungsgebiet	Deutschland/Österreich
	Art des Systems	Instrument für Teilbereich
	Kurzbeschreibung	Biostandard entsprechend Demeter, Bioland und Naturland; sonst keine Angaben bzgl. Werteprogramm
	Weitere Informationen	www.denree.de

TEIL C

Moralische Güter und Wertemanagement in der Naturkostbranche

Josef Wieland, Michael Fürst

1 Hintergrund und theoretischer Bezugsrahmen

In einer vernetzten Weltwirtschaft mit zunehmend transparenten Wertschöpfungsketten wird das systematische Management von ethischen Fragen zu einer Voraussetzung für Kooperation und Konkurrenz. Dies gründet unter anderem in dem Umstand, dass ein sich zunehmend entwickelndes Bewusstsein von Konsumenten hinsichtlich der nachhaltigen Gestaltung bzw. Produktion von Gütern existiert und Unternehmen dies in Form eines zunehmenden moralischen Legitimationsdrucks hinsichtlich unternehmerischen Handelns zu spüren bekommen.

Doch trotz dieser auf den ersten Blick zutreffenden Analyse stellt sich vielfach die Frage, ob Ethik im Wettbewerb überhaupt möglich ist. Sind moralische Werte nicht eher ein Hindernis auf den Märkten, da deren Berücksichtigung den Preis potentiell erhöhen und der Marktanteil tendenziell verschlechtert wird, da die moralische oder ökologische Qualität von Gütern letztlich – mit Ausnahme von Nischenmärkten – keine Kaufkriterien und aus diesem Grund ökonomisch irrelevante Kategorien darstellen? Fragen dieser Art werden häufig gestellt, wenn es um das Thema Unternehmensethik geht. Und zumeist werden sie sehr skeptisch beantwortet, da die Alltagserfahrung des Geschäfts vielfach gegen die praktische Relevanz moralischer Normen in der Wirtschaft spricht. Doch etabliert eine stetig ansteigende Zahl von Unternehmen Werteprogramme und betreibt somit die praktische Umsetzung moralischer Ansprüche und Normen. So orientieren beispielsweise viele Unternehmen ihre Beziehungen zu Lieferanten entlang von Sozialstandards, die Kinderarbeit bei der Herstellung von Textilien regeln. Andere versuchen eine von Integrität und Fairness geprägte Geschäftskultur zu etablieren, um korrupte Geschäftspraktiken zurückzudrängen. Auch die sich seit einigen Jahrzehnten stetig entwickelnde Naturkostbranche kann in diesem Kontext genannt werden, da sie das ökologische Anliegen der nachhaltigen Produktion von Lebensmitteln wohl mehrheitlich auf der Basis moralischer Motivation getroffen und entsprechende Managementsysteme etabliert hat.

In diesem Aufsatz wollen wir einige Argumente herausarbeiten für den Umstand, dass Güter der Naturkostbranche grundsätzlich ein immanent moralisches Moment beinhalten, einer moralischen Bewertung unterliegen und somit zu Vertrauensgütern oder moralischen Gütern werden. Zudem wollen wir explizieren, welche Konsequenzen sich aus diesem Faktum hinsichtlich der Gestaltung von Managementstrukturen bzw. -systemen ergeben.

Dabei werden wir ausgehend von der These argumentieren, dass eine Wirtschafts- und Unternehmensethik der Moderne nur das Werk einer theoretischen Neuformierung sein kann. Diese lautet, dass die Realisierung der moralischen Dimension einer wirtschaftlichen Transaktion immer Wahl- und Strukturierungsprobleme impliziert, die in einem interdisziplinären Diskurs gelöst werden müssen. Theoretisch speist sich dieses Konzept der Governanceethik[1] im Wesentlichen aus der soziologischen Systemtheorie Niklas Luhmanns und der Neuen Institutionen- und Organisationsökonomik. Daraus lässt sich entwickeln, dass Moral eine individuelle und kollektive Ressource, Kompetenz und Fähigkeit eines individuellen und/oder kollektiven Akteurs ist, deren Aktivierung und Kontinuierung in wirtschaftlichen Transaktionen eines spezifischen Governanceregimes bedarf. Wesentliches Merkmal der Governanceethik ist ihr strikter Anwendungsbezug und der Anspruch, dass ihr theoretisches Konzept empirisch signifikant sein muss, wobei vor allen Dingen die Bedeutung von Organisations- als Steuerungsstrukturen hervorzuheben ist. Diese Governancestrukturen sind als Ermöglichungs und Beschränkungsregimes zu verstehen, die individueller und kollektiver Tugenden zu ihrer Generierung und Realisierung bedürfen. Jede Moral ist eine Form von Handlungsbeschränkung, weil sie bestimmte Klassen von Handlungen ausschließt. Aber jede Moral muss auch immer Handlung ermöglichen, wenn sie ihre Rolle in der Kooperation sozialer Akteure spielen will.

Wir wollen nun den Begriff der Governance im Hinblick auf seine moralische Bedeutung abklären. Denn wie in allen dualen Bezugssystemen gibt es nicht nur den Aspekt der Ethik der Governance, sondern auch den der Governance der Ethik. Mit anderen Worten: Es geht um die Abklärung der moralischen Qualität der Steuerungsstrukturen moralischer Handlungen. Bei dieser Analyse geht es letztlich um die Frage, in welcher Weise die Governance sozialen Handelns verknüpft werden kann mit der Ermöglichung und Sicherstellung moralischen Engagements individueller und kollektiver gesellschaftlicher Akteure. Diese Problemstellung impliziert die Annahme, dass die allgemein akzeptierte

---

[1] Vgl. zu der Theorie der Governanceethik bspw. Wieland (2001) oder Wieland (2004).

Festlegung, Ethik bezeichne die Lehre vom moralisch richtigen und guten Handeln, so zu verstehen ist, dass es um die Governance richtigen und guten Handelns geht, nicht aber um das „Handeln an sich". Moralisches Handeln ist immer Ausdruck einer institutionell oder organisationell gestützten Wahlentscheidung (gut/böse, fair/unfair, gerecht/ungerecht etc.) eines Akteurs.

Der Vorschlag der Governanceethik lautet, die heutigen praktischen Probleme der Wirtschafts- und Unternehmensethik als Wahlentscheidung eines individuellen oder kollektiven Akteurs für eine Governancestruktur zur Realisierung der moralischen Dimension einer wirtschaftlichen Transaktion zu verstehen.[2] Dass dieser Eindruck nicht unbegründet ist, zeigt sich sofort, wenn man die verschiedenen Definitionsversuche in „Die Ethik der Governance" (2004) genauer inspiziert:

„Ihre Ethik (der Governance) besteht in dem Einbau von moralischen Werten und Regeln in genau definierte Steuerungsregimes innerhalb und zwischen Unternehmen für spezifische Transaktionen." (8)

„Governancestrukturen sind formale und informale Ordnungen zur Steuerung der verschiedenen Codes oder Logiken eines Systems oder einer Organisation, eine Matrix, innerhalb derer distinkte Transaktionen verhandelt und möglichst vollständig durchgeführt werden." (46)

„Governancestrukturen sind Sets oder Matrizen kommunizierter formaler und informaler Regeln und Werte, die als Constraints den kooperativen Akteur konstituieren und ihn mit expliziten und impliziten Spielregeln für Vertrags- und Organisationsbeziehungen zur Realisierung spezifischer Transaktionen ausstatten." (67 f.)

Diese Definitionen sind stark beeinflusst von der Transaktionskostenökonomik und den organisationstheoretischen Arbeiten Oliver E. Williamsons[3], die zentral auf den Begriff der Governancestruktur als informale und formale Steuerungsregimes und der durch sie geführten, gesteuerten und kontrollierten Transaktionen abstellen. Die Verbindung dieser organisationsökonomisch ansetzenden Steuerungsregimes zu moralischen Phänomenen in der Wirtschaft läuft in der Governanceethik systematisch über die Begriffe Institution, Organisation, Kooperation,

---

[2] Vgl. Wieland (2004).
[3] Beispielsweise Williamson (1985) oder (1993).

Ressourcen, Güter, Polylingualität, die die ökonomieimmanente Kopplung von Wirtschaft und Moral ermöglichen.

i) Institution: Die Betonung des moralischen Gehalts formaler und informeller Institutionen, entweder einer Gesellschaft oder einer Organisation, ist ein wichtiges Band der Verknüpfung ökonomischer und moralischer Erwägungen. Die moralischen Institutionen der Gesellschaft als Umweltbedingung und die vertragstheoretische Interpretation der Konstitution der Firma als kollektiver moralischer Akteur sind grundlegend. Die theoretische Figur des impliziten oder psychologischen Vertrags spielt dabei ebenso eine konkretisierende Rolle wie die der „economics of atmosphere".[4]

ii) Organisation: Moderne Gesellschaften sind Organisationsgesellschaften und ihre Wirtschaftssysteme sind Kooperationsökonomien, die das Problem lösen müssen, die Knappheit von Ressourcen und Kompetenzen durch Kooperation in und mittels Organisationen unter der Bedingung von Wettbewerb temporär zu überwinden. Der Zwang zur kooperativen Lösung von Konflikten, die Nichtausbeutung von Abhängigkeiten und die Notwendigkeit formaler und informaler Ordnung macht Moralität zu endogenen Ereignissen in der Ökonomie. Auf der Ebene der Organisation spiegelt sich dieser Sacherverhalt als Ethik- oder Wertemanagement, das sich entweder auf firmen- oder transaktionsspezifische Managementsysteme abstützt.

iii) Kooperation: Menschliche Gesellschaften und deren Organisationen, sind Kooperationsprojekte sozialer Akteure zum wechselseitigen Vorteil. Moral und Ökonomie entstehen gleich ursprünglich im Zusammenhang menschlicher Kooperation, sind deren Ausdruck und haben füreinander sowohl eine Ermöglichungs- als auch eine Restriktionsfunktion. Kooperationsbereitschaft und Kooperationsfähigkeit sind Werte, die die Ethik der Unternehmung als Formproblem eines Kooperationsprojekts aufwerfen.

iv) Ressourcen: Moralische Präferenzen und moralisches Engagement reformuliert die Governanceethik als individuelle oder kollektive Ressourcen, Fähigkeiten oder Kompetenzen eines Wirtschaftsakteurs im Sinne der modernen Organisationstheorie und Organisationsökonomik.

---

[4] Vgl. hierzu Wieland (1996a) und (1996b).

Daraus folgt als Problemstellung, den Verfahren der Allokation der Ressource Moral Aufmerksamkeit zu schenken.[5]

v) Polylingualität: Polylingualität bezeichnet die Annahme, dass Unternehmen als Organisationssysteme, anders als das Funktionssystem Markt, polykontextual und polylingual operieren können und auch können müssen, wenn sie im Markt und in der Gesellschaft ihre Existenz und ihr Wachstum auf Dauer stellen wollen. Dies ist der Grund, warum Unternehmen die Sprache der Moral nicht nur verstehen und sprechen können, sondern warum genuine Moral Bestandteil ihrer Kooperations- und Koordinationsstrukturen ist.

---

[5] Zum Allokationsproblem vgl. Wieland (1996a).

2 Güter der Naturkostbranche sind Moralische Güter!

Die Governanceethik unterscheidet verschiedene Güterkategorien. In der ökonomischen Theorie wird für gewöhnlich zwischen Suchgütern, Erfahrungsgütern und Vertrauensgütern differenziert. Die Unterscheidung der Güter verläuft entlang dem Ausmaß an unvollständiger Information und Erwartungssicherheit über die Güte des Gutes oder der Dienstleistung. Suchgüter sind bereits in t_0 in ihrer Qualität und dem Preis leicht zu fassen und vollständig überprüfbar, wohingegen Erfahrungsgüter erst nach t_1 – dem Zeitpunkt nach der Nutzung – annähernd in Qualität und Preis zu begreifen sind. Vertrauensgüter sind diesbezüglich nochmals komplexer, denn auch nach der Nutzung über einen Zeitraum hinweg ist die Qualität in t_1, t_2, t_3 ff. vom Konsumenten kaum zu überprüfen. Die Überprüfung des Gutes kann nicht gelingen, da der Konsument nicht über die ausreichende Kompetenz und über die Informationen verfügt, die ihm ein angemessenes Urteil über die Qualität der Güter ermöglichen. Vertrauensgüter sind vielfach immaterielle oder diffuse Phänomene, die sich somit einer konkreten Beobachtung entziehen. Wir werden weiter unten noch darauf zu sprechen kommen. Die Investition des Anbieters in seine Integrität stellt einen Modus dar, über den die Informationsunsicherheit und das Kompetenzdefizit behoben werden können.

Abbildung 10: Güter, Dienstleistungen und Moral

Güter-/Dienstleistungsart	Prüfverfahren	Prüfkriterium	Beispiel
Suchgüter	Inspektion	Qualität (Preis)	Kleidung Schrauben
Erfahrungsgüter	Nutzung	Qualität (Preis)	konventionell produzierte Lebensmittel Autos
Vertrauensgüter	Reputation	Integrität	Arzt Gelddienstleistungen ökol. Lebensmittel
Moralgüter	Legitimität	Akzeptanz	Humankapital Kernkraftwerke ökol. Lebensmittel

Die gerade beschriebene traditionelle ökonomische Trias an Güterarten wird nun durch die Governanceethik um die Kategorie der moralischen Güter erweitert. Differenzkriterium zwischen Vertrauensgütern und Moralgütern ist, dass moralische Güter durch die Gesellschaft legitimiert werden müssen; anderenfalls sind sie am Markt in der Regel nicht handelbar. Bei diesen Gütern entscheidet neben dem Preis und der Leistung vor allem die gesellschaftliche Legitimität und Akzeptanz. Ob ein Gut ein Moralgut ist oder wird, hängt immer von der spezifisch lokalen moralischen Bewertung ab, die aus einem gesellschaftlich geführten Diskurs erwächst. Dies hat zur Konsequenz, dass faktisch alle Güter zu Moralgütern werden können, nämlich dann, wenn sie ein Gegenstand moralischer Diskurse in der Gesellschaft werden.

Diese Differenzierung ist für das hier verhandelte Thema bedeutsam, denn die Unternehmen der Naturkostbranche sind Unternehmen, die in besonderem Ausmaß Vertrauens- und Moralgüter am Markt anbieten. Konventionell produzierte Lebensmittel bewegen sich im Bereich der Erfahrungsgüter, da sie in einem ersten Zugriff durch äußerliche und geschmackliche Prüfung einzuordnen sind. Zudem führen sie in der Regel keine explizite moralische Botschaft – Schutz der Gesundheit, Schutz der Umwelt, Bewahrung der Flora und Fauna etc. – mit. Bei ökologisch produzierten Lebensmitteln verhält es sich nun kategorial anders. Denn sie rezipieren den weiter oben beschriebenen moralisch aufgeladenen Diskurs derart, dass sie die moralischen Fragen nachhaltiger und ökologisch verträglicher Produktionsverfahren direkt an ihre Güter ankristallisieren, indem sie die biologische Qualität der Produkte grundsätzlich mit der Verneinung moralisch fragwürdigen Praktiken bei der Produktion von Lebensmitteln verbinden (z.B. Einsatz von Chemikalien, Mastmittel bei der Tierzucht etc.). Die Tatsache, dass mit der besonderen biologischen Qualität der Lebensmittel immer ein moralisches Argument mitschwingt – nämlich der Erhalt der Umwelt, der Gesundheit etc. – setzt diese Güter einer moralischen Bewertung aus. Dieses moralische Argument hat – angedockt an Güter – immer einen Wert. Die Frage ist im ökonomischen Kontext jedoch, ob dieser Wert auch zu einem Preisbestandteil und somit ökonomisch prämiert wird. Diese Frage leitet sich aus der Feststellung ab, dass moralische Kategorien wie Werte und Rechte oder Akzeptanz und Legitimität immer einen Nutzen besitzen und knapp sind, sie dabei aber selbst nie zu ökonomischen Gütern werden können, da sie keinen Preis haben und nicht marktfähig sind. Moral ist nicht tauschbar und –

bezogen auf Eigentumsrechte – keinem Allokationsprozess zugänglich. Moral muss an ökonomische Güter angedockt werden, um ökonomisch prämiert werden zu können. Dies liegt nun nicht darin begründet, dass sie keinen Preis haben können, sondern dass im Sinne von Michael Walzers „blocked exchange"[1] ein gesellschaftlicher Konsens darüber existiert, dass sie keinen Preis haben sollen. Um diese notwendige ökonomische Prämierung zu erreichen, sind nun gezielte Managementanstrengungen von Unternehmen der Naturkostbranche notwendig. Denn im Gegensatz zu Unternehmen im konventionellen Lebensmittelmarkt, die Ihre Produkte letztlich über Preissignale verkaufen können, müssen Unternehmen der Naturkostbranche aufgrund der Legitimitätsanforderungen sowie der mitgeführten moralischen Argumente glaubhaft versichern, dass die produzierten Güter tatsächlich moralischen Anforderungen gerecht werden und somit der höhere Preis gerechtfertigt ist. Man sollte sich nun aber davor hüten anzunehmen, dass diese moralischen Anforderungen sich auf die ökologische Qualität der Produktionsverfahren beschränken ließe. Vielmehr umfassen diese Anforderungen ebenfalls andere moralische Kategorien wie beispielsweise soziale Faktoren bei der Erzeugung der Produkte (Fair Labor, Living Wages etc.). Zumindest in einer zukunftszugewandten und prospektiven Betrachtung ist dies ernsthaft zu bedenken. Die Frage der Glaubwürdigkeit dieser Versicherung wird somit dem handelnden Akteur zugerechnet, der aus diesem Grund in der Lage sein muss, die ihm aus dem moralischen Diskurs heraus zugerechneten Werte wie beispielsweise Integrität, Transparenz oder Ehrlichkeit angemessen prozessieren und kommunizieren zu können. Solange dies nicht gelingt und die glaubwürdige Versicherung ausbleibt, wird die ökonomische Prämierung moralischer Anstrengungen nicht in ausreichendem Maße gelingen, da das Gut lediglich über seine sachlichen Eigenschaften kommuniziert werden kann. Vielmehr noch: Die an das Gut angedockte moralische Komponente stellt Unternehmen der Naturkostbranche geradezu in das Risiko, dass ihnen auch andere moralisch aufgeladene Themen als die ökologisch-nachhaltigen Produktion von Lebensmitteln aufgeladen und zugerechnet werden. Hierzu zählen wie bereits erwähnt Arbeitsstandards, Living Wages etc. Man stelle sich praktisch nur einmal die moralische Empörung der Gesellschaft vor, sollte herausgefunden und als Issue kommuniziert werden, dass Öko-Produkte zwar nach allen Regeln der

---

[1] Walzer (1984)

ökologischen Produktionskunst erzeugt werden, jedoch soziale Standards hinsichtlich Bezahlung, Arbeitszeit oder gar Kinderarbeit systematisch nicht berücksichtigt werden.[2] Dieses Risiko könnte für die Naturkostbranche enorme Schadenspotentiale bergen, da die Glaubwürdigkeit des moralischen Anliegens und das Vertrauen massiv erodieren würde!

All diese Beispiele machen deutlich, dass die Investition in die Glaubwürdigkeit und die Erzeugung gesellschaftlicher Akzeptanz sowie die Zuweisung von Legitimität auf die Güter der Naturkostbranche unabdingbare Voraussetzungen für ihren ökonomischen Erfolg und die „licence to operate" sind.

---

[2] Hier zeigt sich geradezu beispielhaft der riskante und polymogene Charakter moralischer Kommunikation, wie er von Niklas Luhmann (1997) beschrieben wurde.

3 Der normative Referenzpunkt der Governanceethik und von Wertemanagementsystemen

Moral und Ethik sind Formen der Kommunikation über die Voraussetzungen, die Durchführung und den Umgang mit den Folgen gesellschaftlicher Kooperation durch individuelle und kollektive Akteure. Es scheint einsichtig, dass Moral und Ethik als Aspekte sozialen Handelns ohne gesellschaftstheoretische und sozialwissenschaftliche Epistemologie und Methodologie keiner zutreffenden und im Sinne einer gelingenden Praxis erfolgversprechenden normativen oder positiven Analyse zugeführt werden können.

Gesellschaften wie die des alten Europas, die ihre Kooperationsbeziehungen als stratifizierte Personalrelationen interpretieren und organisieren, haben nicht die geringsten Schwierigkeiten, moralische Reflexion und politische oder wirtschaftliche Praxis als eine Einheit zu sehen. Die platonische und aristotelische Wirtschaftsethik ist immer grundsätzlich und konkret zugleich; philosophische Reflexion und theoretische Erörterung der empirisch anzutreffenden Praktiken gehen Hand in Hand. Aristoteles Bemerkung in der Nikomachischen Ethik, dass die dort angestellten „Untersuchungen nicht der reinen Forschung dienen soll wie die übrigen", weil „wir nicht fragen, nur um zu wissen was die Tugend sei, sondern damit wir tugendhaft werden, da wir anders keinen Nutzen davon hätten",[1] ist programmatisch. Dass Tugenden und ethische Reflexionen einen Nutzen haben sollten, mag für den einen oder anderen zeitgenössischen Verfechter einer reinen oder unbedingten Wirtschafts- und Unternehmensethik verwerflich, weil instrumentalistisch sein – für das Denken des alten Europas ergab sich nur daraus die Relevanz moralischen Argumentierens für das Gelingen sozialer Gemeinschaft.

Die heute übliche Charakterisierung der platonischen oder aristotelischen Überlegungen als Tugendethik ist aus der Sicht der Governance nur beschränkt richtig. Individuelle Tugend ist in Prozessen sozialer Kooperation entscheidend und wirksam; in dem luftleeren Raum eines „Um seiner selbst willen" können sie weder wachsen noch gedeihen. Dies kann weder in stratifizierten noch in funktional differenzierten Gesellschaften anders sein. Aber diese Interpretation ist weit davon entfernt, vollständig zu sein. So ist es sowohl für Platon als auch für Aristoteles

---

[1] Aristoteles NE 1103b26

selbstverständlich, dass sich die individuellen Tugenden aus den Gesetzen und den tradierten Sitten der Polis herleiten und sich auf diese stützen können. Ohne die Existenz moralisch wirksamer formaler und informaler Institutionen kann es auch keine individuellen Tugenden geben. Die Sitten würden verfallen, der Staat und das Handeln würden korrumpiert. Weiterhin müssen sich die Erfordernisse der Tugenden in der Verfassung, den Regeln und Verfahren der Organisationen der Polis, des Staates und der Oikonomia niederschlagen, denn ohne eine Wohlgeordnetheit in dieser Hinsicht wird auch die auf Wissen und Erziehung gegründete Tugend keine gesamtgesellschaftliche Chance haben. Das metaphysische Maß und das Telos dieser Ordnung ist die „Natur", das „Naturgemäße", die selbst als unabänderlich und dem Menschen nicht verfügbar gesetzt sind. Ein erfolgreicher sozialer Akteur wird dies erkennen und in seinem Handeln berücksichtigen.[2]

Nicht das richtige und gute Handeln an sich war daher der Problemvorwurf des alten Europas, sondern die durch Wissen und Erziehung angeleitete Gestaltung des naturgemäßen Zusammenhangs von Tugenden, Institutionen und Organisationen durch soziales Handeln. Das lokale Hervorbringen dieser Ordnung im Staat und in der Hauswirtschaft wird als Ergebnis eines legitimierten personalen Herrschaftsverhältnisses verstanden, als Steuern, Dirigieren und Kontrollieren von Menschen durch Menschen.

Im Hinblick auf diese Führungsaufgabe war der Führende ein „Kubernetes", dessen Tätigkeit als „kubernan" (steuern, leiten, regieren) bezeichnet wurde. So charakterisiert etwa Platon die Herrscherkunst des Königs im Euthydemos:

„Sie sei die Urheberin des richtigen Handelns in der Stadt, und so recht nach dem Vers des Aischylos sitze sie allein am Steuer der Stadt, indem sie alles lenke und über alles regiere, mache sie, dass jegliches seinen Nutzen bringe."[3]

Das griechische Verb „kubernan" und dessen lateinische Fassung „gubernare" bezeichnen die Führungs- und Steuerungstätigkeit einer Person und die darauf zielende Kunst. Deren Aufgabe ist die Gestaltung und Integration einer Steuerungsstruktur, die moralisch, ästhetisch und sachlich

---

[2] Vgl. hierzu Aristoteles, Pol. I.
[3] Platon, Euthy. 291d.

"richtiges" Handeln so kombiniert, dass jedes Element dieser Struktur seine ihm eigentümlich Wirkung (seinen Nutzen) entfalten kann zum Wohle des Einzelnen und der menschlichen Gemeinschaft oder einer ihrer Organisationen. "Kubernan" und "gubernare" bilden in genau diesem Sinne die etymologische Wurzel des mittelenglischen Begriffs "governance".

In dieser Weise erhält der politisch-technische Begriff des Regierens (to govern, government) seine moralische Konnotation einer guten Regierung. Governance ist demnach ebenfalls eine Kategorie struktureller Kopplung verschiedener gesellschaftlicher Handlungssphären. Im alten Europa werden sie als integrativ zusammengehörig gedacht, während das moderne Europa auch die Skepsis über den Zusammenhang von Macht und Moral kennt. In den öffentlichen Arenen werden dann beide als distinkte Ereignisse verstanden, die man tunlichst nicht vermischen sollte. Governance wird dann nicht als personales, sondern als apersonales Herrschaftsverhältnis verstanden, das in der Figur der politisch legitimierten und regelgesteuerten Herrschaft staatlicher Organisationen die Konsequenzen durchgesetzter funktionaler Differenzierung der Gesellschaft exekutiert. Diese tendenzielle Entmoralisierung der privaten und öffentlichen Governance spiegelt den Verlust an Effizienz und Effektivität wider, der personalen Tugenden als gesellschaftlichem Steuerungsmodus zugerechnet wird. Nicht mehr die Tugend der herrschenden Eliten integriert die Gesellschaft, sondern die Folgen und Einwirkungen der verschiedenen Funktionssysteme füreinander und aufeinander. Dies hängt damit zusammen, dass funktional differenzierten Gesellschaften nicht mehr das gelingt, was für das alte Europa entscheidend war, nämlich die Tugend bestimmter Personengruppen einzelnen Handlungsbereichen als verbindliches Standesethos, goldene Kaufmannsmoral und so weiter zuzuordnen (Staatsmann – Politik, Kaufmann – Wirtschaft, Ingenieur – Technik, Arzt – Heilkunst, usw.) und den Zugang zu diesen Personengruppen über Abstammung zu steuern. Funktionale Differenzierung heißt für das Individuum, grundsätzlich in allen Funktions- und Organisationssystemen wirken und sich verhalten zu können. Der Staatsmann als Lehrer oder Rechtsanwalt, der Kaufmann als Psychologe und Lobbyist, der Ingenieur als Kaufmann und Manager, der Arzt als Unternehmer und Techniker und so weiter. Unter diesen Bedingungen ist die Frage nach der Governance moralischer Ansprüche mit der Losung "virtues first" nicht mehr zu beantworten. Praktizierende Ärzte erinnern sich an den hippokratischen Eid nur noch ganz schwach, fehlende Kaufmannsmoral im Management wird immer dann beklagt, wenn der gesunde Menschenverstand nicht mehr weiter weiß, das Credo des Ingenieurs ist zum Erinnerungsposten seiner verbandswirtschaftlichen Standesvertretung deklassiert, und Moral von Politikern erwartet sowieso keiner mehr. Der Vorschlag der Governanceethik, die erfolgversprechende Realisierung moralischer Ansprüche auf alle Argumente einer vollständigen und notwendigen Governancefunktion zu verteilen, ist eine Reaktion auf diese Entwicklung. Mit diesem Vorschlag bleibt ein auf Gestaltung abzielender moralischer Diskurs der Gesellschaft möglich, weil ansonsten die Erosion der Wirkungskraft der Tugenden gleichbedeutend mit der gesellschaftlichen Erosion von Moral und Ethik wäre.

Die moralische Wiederaufladung des Begriffs Governance läuft daher auch nicht über eine Revitalisierung personaler Tugenden, sondern über die Veränderung der Struktur politischer Akteure und Aufgaben im Gefolge der Globalisierung. Zunächst zu den Akteuren:

Die bisherige Diskussion hat gezeigt, dass nichts weniger zutreffend ist als die Vorstellung, die Tätigkeit oder der Vorgang der Governance als Führung, Steuerung und Kontrolle individuellen oder organisationalen Handelns in Kooperationsprojekten sei ein der Ethik fremder technokratischer oder instrumenteller Begriff. Wer dies glaubt, sitzt einem historisch kontingenten Sprachspiel und versuchtem Codierungsprogramm der Neuzeit auf, das sich nie vollständig durchgesetzt hat und gegenwärtig wieder auflöst. Es verhält sich gerade umgekehrt. Der Governancebegriff hat von allem Anfang an eine ihm immanente tugendethische oder allgemein moralische Dimension. Der systematische Grund hierfür liegt in der Ermöglichungs- und Beschränkungsfunktion anwendungsbezogener Ethik: Moralisches oder tugendhaftes Handeln sozialer Akteure kann sich nicht durch sich oder an sich selbst oder um seiner selbst willen faktisch ausdrücken und zur Geltung bringen, sondern nur in und mittels seiner Mechanismen der Governance. Tugend und Moral brauchen ein individuelles oder institutionelles Medium, ein organisatorisches Instrumentarium, an das sie sich ankristallisieren können und durch das sie überhaupt erst soziale Relevanz erhalten. Das in Geltung Setzen moralischer Regeln und Standards durch vernunftgesteuerte Begründungsakte ist mit Blick auf moralisches Handeln schlicht irrelevant, wenn es nicht einhergeht mit der Bestimmung des Mediums und der Ermöglichung. Das Medium und die Mechanismen der Governance sind aber nicht das Ergebnis der Anwendung einer vorgängig begründeten moralischen Idee oder Überzeugung, sondern gleich ursprünglicher Bestandteil des moralischen Diskurses über soziales Handeln. Über die moralische Qualität einer Handlung lässt sich ohne die Strukturen ihrer Governance nicht sinnvoll diskutieren. Die ethische Qualität der Governance im Sinne der Governanceethik bezieht sich daher nicht nur auf eine immanent moralhaltige Transaktion, sondern zugleich auf die Ermöglichungs- und Beschränkungsfunktion des dazugehörigen Mediums (individuelle Bindung, Institution, Organisation) und seiner Akteure. Die Unterscheidung von ethischen Begründungs- und Anwendungskontexten ist aus der Sicht anwendungsorientierter Ethiken irreführend, wenn Anwendung verstanden wird als amoralische oder „bloß" professionelle Umsetzung vorgängig begründeter moralischer Sätze, die ansonsten dem Bereich einfacher Klugheit zugerechnet werden müssten. Denn dahinter steht ja die Idee, dass sich moralische Qualität allein aus rationellen Begründungsprozessen generiert und nicht etwa aus persönlichen Motiven (Scham), gesellschaftlicher Kooperation (Empörung) und gelingender Praxis (Governance).

Die Governanceethik akzeptiert demgegenüber die immer schon existierende immanente moralische Qualität der Steuerungsmatrizen moralischer Anliegen in den Funktionsbereichen der Gesellschaft und hat diese als „Moralsensitivität" individueller und struktureller Anreize begrifflich erschlossen. Die immanente ethische Dimension der Governance liegt in ihrem konstitutiven Beitrag zur Moral. Sie ist nicht allein die Bedingung der Möglichkeit von Moral überhaupt, sondern deren endogenes Element.

Der normative Referenzpunkt der Governanceethik und der darauf basierenden Wertemanagementsysteme fundiert auf den Annahmen des Kohärentismus. Im Kohärentismus ist Moral eine bestimmte Form des Orientierungswissens, eine Kompetenz des Sich-Zurechtfindens, die sich in lokalen Situationen, also situationsspezifisch, bewähren muss. Die ethische Reflexion solcher lokaler Situationen läuft dann nicht mehr auf die Feststellung letztgültiger normativer Fundamente und daraus abgeleiteter Normen zur Bearbeitung dieser lokalen Situationen hinaus, sondern auf die kohärente Integration moralischer und nicht-moralischer Überzeugungen. Ethik ist im Sinne des Kohärentismus moralsensitive Orientierungsphilosophie und im Gegensatz zur gängigen Auffassung somit nicht damit befasst, verbindliche moralische Normen zu formulieren. Vielmehr geht es im Kohärentismus darum, i) moralische Fragen und Probleme strukturell wie materiell in ihrem lebenspraktischen Kontext zu beschreiben und auf den Begriff zu bringen sowie ii) das Nachdenken über moralische Fragen sinnvoll zu konzeptualisieren und entsprechende Praxen zu katalysieren. Das Ziel besteht darin, einen qualifizierten Umgang mit praktischem Orientierungsbedarf für Situationen zu ermöglichen, in denen Handlungssteuerung unter Einfluss auch moralischer Fragestellungen stattfindet.[4] „Ethik bezieht sich also auf Handlungssteuerung mit speziellem (aber nicht notwendig isolierten) Blick auf die moralische Dimension des Handlungskontextes."[5]

Wertemanagementsysteme als eine Steuerungsstruktur für wertegeleitetes Handeln bedeuten, dass sie das Potential besitzen müssen, die komplexe soziale Realität abzubilden und eine moralische Selbstorientierung bzw. Selbststeuerung anhand von Kohärenzdarstellungen zu prozessieren.

Der Kohärentismus entwickelt wesentliche philosophische Grundlagen, die nach unserer Auffassung belegen, dass diese philosophische Richtung eine viel versprechende und produktive Denkform für anwendungsorientierte Ethiken werden könnte, die das notorisch offene Problem des Zusammenhangs von Begründungs- und Anwendungsdiskursen auf eine innovative und ertragreiche Art bearbeitet.

---

[4] Vgl. hierzu Badura (2004).
[5] Badura (2004), 20.

4 Naturkostbranche und moralische Kommunikation

Elementarer Bestandteil der Naturkostbranche ist immer die Kommunikation moralischer Kategorien. Dies liegt, wie weiter oben expliziert, darin begründet, dass Güter der Naturkostbranche immer Vertrauens- bzw. Moralgüter darstellen. Das Mitführen moralischer Kategorien wurde in der Naturkostbranche immer als selbstverständlich unterstellt. Doch mit der Etablierung professioneller Standards und auf die Produktion bezogener Managementsysteme ist diese moralische Kommunikation zusehends in den Hintergrund getreten oder wurde zumindest durch die Festlegung harter biologischer Produktionskriterien sekundär. Kommuniziert werden in der Regel nicht mehr die als Hintergrundannahmen existierenden moralischen Anliegen der biologischen Produktionsweise, sondern lediglich deren „physikalische" Qualitätskriterien. Es ist daher die Aufgabe eines nachhaltigen Managements, diesem Gesichtspunkt gebührende Aufmerksamkeit zu schenken.

Denn problematisch daran ist nun, dass die an moralische Güter angedockten moralischen Ansprüche unteilbare Ansprüche sind. Nachhaltigkeitsargumente können entsprechend nicht nur auf Ökologie beschränkt bleiben, sondern sie umfassen immer auch ökonomische sowie moralische Kategorien.[1] Somit ist der Naturkostbranche durch die Engführung auf originär ökologische Themen ein wesentlicher Kommunikationsgegenstand abhanden gekommen, was die nachhaltig erfolgreiche Positionierung am Lebensmittelmarkt erschwert. Zu den daraus resultierenden Risiken der moralischen Kommunikation haben wir bereits weiter oben Stellung genommen. Konsequenz des beschriebenen Umwertungsvorganges ist, dass der Schwerpunkt der moralischen Kommunikation der Naturkostbranche nicht länger auf den Produkten liegen darf, sondern auf die Managementprozesse der gesamten Wertschöpfungskette fokussieren muss.[2] Denn nur so kann es gelingen, die Nachhaltigkeitstrias Ökologie, Moral (Soziales) und Ökonomie ineinander zu verschränken und fruchtbar zu machen. Wir werden im nächsten Abschnitt darstellen, in welcher Weise dies geschehen kann. Nur kursorisch können wir an dieser Stelle auf ein Argument verweisen, das – dafür argumentiert Pfriem – auch im Kontext von Innovationsstrategien von Unternehmen bedeutsam ist: Das

---

[1] Theoretisch wird dies in der Governanceethik im Werteviereck integriert. Vgl. Wieland (2004).
[2] Bezogen auf das Lieferantenmanagement vgl. Fürst/Wieland (2004a)

konsequente Mitführen moralischer Konnotationen kann für Unternehmen notwendig sein, im Rahmen ihrer strategischen Suchprozesse Wege zu nachhaltigen Innovationen zu eruieren und einzuschlagen.[3]

Abbildung 11: Vier Stufen des Wertemanagementsystems

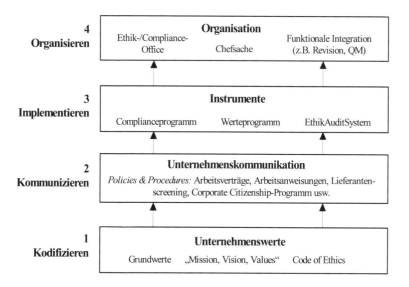

Wie bereits erwähnt, leisten die in der Naturkostbranche etablierten Managementsysteme und Produktionsstandards die soeben als notwendig beschriebene Integration biologischer und moralischer Werte allem Anschein nach nicht.[4] Mit Blick auf die Themen der Wirtschafts- und Unternehmensethik empfiehlt die Governanceethik hinsichtlich der Umsetzung moralischer Anliegen in die wirtschaftliche Praxis ein Wertemanage-

---

[3] Vgl. Pfriem (2004).
[4] Eine nach Abschluss der Studie veröffentlichte Ausnahme stellen die Sozialrichtlinien von Naturland e.V. dar, in denen soziale Standards bzgl. Kinderarbeit, Lohn etc. für die Mitgliedsfirmen definiert werden. (Naturland Sozialrichtlinien Fassung 01/2005). Hierdurch bestätigen sich die in dem vorliegenden Gutachten formulierten Thesen der Notwendigkeit einer Erweiterung beispielhaft.

mentsystem als Mittel der Wahl.[5] Dessen Zusammenhang mit dem Thema der Glaubwürdigkeit eines sozialen Akteurs soll zum Abschluss dieser Untersuchung erörtert werden. Ein Wertemanagementsystem besteht aus vier Entwicklungsstufen (siehe Abbildung 11).

a) Selbstbindung: Ein Wertemanagementsystem ist nur dann ein Akt der Selbstbindung, wenn er einhergeht mit rechtlichen Kodierungen in Form eines Complianceprogramms und mit angemessenen Investitionen von finanziellen, personellen und Organisationsressourcen. Dies sind Anstrengungen eines Akteurs, die von anderen Akteuren als eine glaubwürdige Versicherung zu integrem Verhalten interpretiert werden können.

b) Anti-Opportunismus: Wertemanagementsysteme müssen Grauzonen wirtschaftlichen Handelns, also potentielle Schädigungsoptionen des jeweiligen Partners, offen benennen und versichern, dass solche Praktiken weder erwartet noch belohnt werden. Diese Versicherung umschließt den Sachverhalt, dass auf ihre Vermeidung präventiv hingearbeitet wird und eventuelle Schadensersatzansprüche zugelassen werden.

c) Interne und externe Kommunikation: Durch die interne und externe Kommunikation eines Wertemanagementsystems schafft das Unternehmen eine Erwartungshaltung, deren Bestätigung und Enttäuschung selbst kostenpflichtig ist. Die offene Kommunikation von moralischen Ansprüchen an sich selbst und andere generiert eine Messlatte, an der dann das eigene Verhalten gemessen und bei Enttäuschungen mit Reputationsverlusten sanktioniert werden kann. Kollektive Akteure, denen glaubwürdig mit Reputationsschädigung gedroht werden kann (wegen der Art ihrer Produkte oder Dienstleistungen oder wegen der Kommunikationsgeschwindigkeit eines Marktes), können diese Verletzlichkeit akzeptieren und damit in Glaubwürdigkeitskapital umwandeln.

d) Signalling: Wertemanagementsysteme sind öffentlich angebotene Wissensbestände über die Präferenz eines kollektiven Akteurs, nicht aber über die seiner Mitglieder. In seinem Code of Ethics (Stufe 1) kodifiziert dieser Akteur seine handlungsleitenden Werte und stattet sie mit den erwähnten Implementierungs-, Kontroll- und Organisationsmechanismen (Stufen 2-4) aus. Es sind die Existenz und das Zusammenspiel aller die-

---

[5] Eine empirische Überprüfung der Wirkung von Wertemanagementsystemen findet sich in Fürst/Wieland (2004b).

ser vier Stufen, die die Ernsthaftigkeit und Nachhaltigkeit des darin steckenden moralischen Versprechens ausmachen. Es sind diese Mechanismen, mit deren Hilfe moralische Versprechen gefördert und notfalls auch erzwungen werden können. Sie sind in der Terminologie der Transaktionskostenökonomik „safeguards" vom Typ 2 und 3.[6] Safeguards vom Typ 2 signalisieren eine Präferenz des kollektiven Akteurs für gütliche Lösungen aus Konflikten, und Safeguards vom Typ 3 signalisieren eine Präferenz des kollektiven Akteurs für langfristige Beziehungen. Kontinuität aber führt zu Identität der Akteure; diese wiederum ist die Grundlage zur Akkumulation von Glaubwürdigkeitskapital.

Professionell und nachhaltig betriebene Wertemanagementsysteme (und nur diese, da nur diese als Signal durch andere Akteure rekonstruierbar und einschätzbar sind) schaffen deshalb Erwartungssicherheit in Kooperationsbeziehungen. Sie können und sollen nicht die Ambiguität, Unsicherheit und Informationsunvollständigkeit sozialer Kooperationen vollständig aufheben, wohl aber jenes Glaubwürdigkeitsniveau und jene Wahrhaftigkeitsansprüche in Wirtschaft und Gesellschaft generieren, welche überhaupt erst ermöglichen, dass es zu Kooperationen ihrer individuellen Akteure kommt. Neben der Konstituierung von Kooperation empfiehlt sich auch ihre funktionsarme Entwicklung, weil bei Perturbationen eine Klärung der Sachverhalte und Interessen und eine Weiterführung der Interaktion erreichbar ist. An dieser Stelle erhellt, warum Glaubwürdigkeit im Modus „mehr/weniger" existieren und kein statisches Konzept sein muss, solange sie für sich den Anspruch als Wahrhaftigkeit und Tugendorientierung plausibilisieren kann. Würden Gesellschaften jeden Bruch eines Vertragsversprechens mit dem sofortigen und vollständigen Entzug der Glaubwürdigkeit eines Akteurs ahnden, so wäre sie als Kooperationsverbund weder existenzfähig, noch könnte sie ein ausreichendes Wohlfahrtsniveau durch „gains form trade" schaffen. Gleiches gilt für den umgekehrten Fall der systematischen Ignoranz gegenüber dem Bruch eines Vertragsversprechens. Die individuellen Sicherungskosten wirtschaftlicher und sozialer Transaktionen würden in diesen Fällen prohibitive Ausmaße erreichen. Wertemanagementsysteme haben in dieser Perspektive den Ausdruck und zugleich die Realisierung der Ermöglichungs- und Begrenzungsfunktion[7], weil und insofern sie die ge-

---

[6] Vgl. Williamson (1985), 34.
[7] Vgl. Wieland (2001a), 36.

wollte Tugend eines kollektiven Akteurs, nämlich seine Bereitschaft (Code of Ethics) und seine Fähigkeit (Professionalität) zur ‚moral best practice' definieren und sicherstellen. Sie sind die organisatorische Realisierung der Tugenden „Genauigkeit" und „Aufrichtigkeit" auf der Ebene kollektiver Akteure. Sie als Instrumentalisierung der Moral für die Zwecke der Wirtschaft misszuverstehen zeigt nur, dass eine solche Argumentation nicht auf der Höhe der Bedingungen der moralischen Diskurse in sozialen Kooperationen ist.

Wertemanagementsysteme und deren glaubwürdige Sicherstellung sind geeignete Mechanismen, moralische Wertschätzung des Unternehmens für Konsumenten oder Bürger mittels Wirtschaftsgütern auf der Grundlage der Ergebnisse gesellschaftlicher Moraldiskurse zu allozieren. Umgekehrt sind sie auch ein Mechanismus, die Wertschätzung der Konsumenten und Bürger für die Produzenten solcher Güter auf diese zu allozieren und ihnen damit die „licen-ce to operate" bis auf weiteres zu erteilen oder im besten Fall die Ausweitung potentieller Marktchancen zu betreiben.

Literatur

Aristoteles: Nikomachische Ethik (NE). O. Gigon (Hg.), München/Zürich (Artemis) 1967.

Aristoteles: Politik (Pol). O. Gigon (Hg.), München/Zürich (Artemis) 1971.

Badura, J. (2004): Moralsensitive Orientierungsphilosophie – die Governanceethik im Lichte des Kohärentismus. In: Wieland, J. (Hrsg.): Governanceethik im Diskurs. Marburg: Metropolis.

Fürst, M./Wieland, J. (2004a): Integrität in der Lieferantenbewertung – Konzeption und Umsetzung. Hamburg: Murmann Verlag.

Fürst, M./Wieland, J. (2004b): WerteManagementSysteme in der Praxis. Erfahrungen und Ausblicke. Hamburg: Murmann Verlag.

Luhmann, N. (1993): Das Recht der Gesellschaft. Frankfurt/Main: Suhrkamp.

Luhmann, N. (1997): Die Moral des Risikos und das Risiko der Moral. In: Bechmann, G. (Hrsg.): Risiko und Gesellschaft. Opladen: Westdeutsche Verlag.

Pfriem, R. (2004): Ein pluralistisches Feld von Governancekulturen. Ideen zur Vermittlung von ethisch-moralischen Handlungsdimensionen mit dem vorgängigen ökonomischen Verständnis der Steuerung von Unternehmen. In: Wieland, J. (Hrsg.): Governanceethik im Diskurs. Marburg: Metropolis.

Platon: Euthydemos (Euthy.). O. Gigon (Hg.), München/Zürich (Artemis) 1974.

Walzer, M. (1984): Spheres of Justice: A Defence of Pluralism and Equality. New York: Basic Books.

Wieland, J. (1996a): Ökonomische Organisation, Allokation und Status. Tübingen: Mohr Siebeck.

Wieland, J. (1996b): Ökonomik der Transaktionsatmosphäre. In: Priddat, B.P./ Wegner, G. (Hrsg.): Zwischen Evolution und Institution. Neue Ansätze in der ökonomischen Theorie. Marburg: Metropolis.

Wieland, J. (1999): Die Ethik der Governance. Marburg: Metropolis.

Wieland, J. (2001a): Eine Theorie der Governanceethik. In: zfwu, Jahrgang 2, Heft 1, S. 8-33.

Wieland, J. (2001b): Die Tugend kollektiver Akteure. In: Wieland, J. (Hrsg.): Die moralische Verantwortung kollektiver Akteure. Heidelberg: Physica 2001.

Wieland, J. (2003): ValuesManagementSystem^{ZfW}: A New Standard for Values Driven Management. In: Wieland, J. (Hrsg.): Standards and Audits for Ethics Management Systems – The European Perspective. Heidelberg: Springer.

Wieland, J. (2004a): Die Ethik der Governance. 3. unver. Auflage. Marburg: Metropolis.

Wieland, J. (2004b): Governanceethik im Diskurs. Marburg: Metropolis.

Williamson, O.E. (1985): The Economic Instititions of Capitalism. New York: Free Press.

Williamson, O.E. (1993): Transaction Cost Economics and Organization Theory. In: Industrial and Corporate Change 2, S. 107-156.